MARINA LOMMEL

BESSER ABNEHMEN MIT
LOW CARB
typgerecht

## Das 3-Phasen-Programm
## für mehr Erfolg

Bassermann

# INHALT

# Vorwort

Wir streben heutzutage nach Perfektion. Wir wollen in allen Bereichen unseres Lebens perfekt sein. Den perfekten Job, die perfekte Karriere. Wir wollen unsere Familie perfekt managen und unsere Kinder perfekt großziehen. Wir wollen unser Sozialleben pflegen und die perfekte Work-Life-Balance erreichen.

Online – in den sozialen Netzwerken – sehen wir das perfekte Leben: schlanke, schöne Frauen und Männer. Wundervoll eingerichtete Wohnungen. Tolle Karrieren, teure Autos. Gesundheit pur strahlt uns von den *celebrities*, den glanzvollen Persönlichkeiten der Facebook- und Instagram-Welt, entgegen.

Das wollen wir auch. Wir nehmen uns vor, im neuen Jahr endlich in allen Bereichen perfekt zu sein. Wir nehmen uns vor, 20 Kilo abzunehmen, nur noch gesund zu essen und wirklich täglich Sport zu machen.

## Die fabelhaften guten Vorsätze

Es ist Silvester, die guten Vorsätze sind gefasst. Ab morgen, im neuen Jahr, sind wir endlich die Person, die wir schon immer sein wollten. Zumindest arbeiten wir ab jetzt daran.

Wer im alten Jahr den Dschungel der Diät- und Ernährungsratgeber noch nicht durchforstet hat, beginnt im neuen Jahr damit. Und hier begegnet uns gleich das erste Problem: Tausende verschiedene Ratgeber und Online-Experten preisen ihre Methoden an, schreien quasi von allen Dächern: Nur noch mageres Protein! Nur noch Obst! Saftkur! ... Motiviert saugen wir alle Informationen in uns auf und merken nach kurzer Zeit: Irgendwie widerspricht sich das alles gegenseitig – was ist eigentlich richtig für mich?

Wer sich für eine neue Diät entschieden hat, geht – immer noch motiviert – zur Sache. Die Regeln werden studiert und Zutaten eingekauft. Der erste Tag: Hunger. Der zweite Tag: Hunger. Der dritte Tag: Stress in der Arbeit, Stau auf dem Heimweg, keine Zeit zum Einkaufen. Pizza.

Innerhalb weniger Tage sind die guten Vorsätze in alle Winde verflogen. Warum? Gesunde Ernährung ist kompliziert.

## Wir gegen den Rest der Welt

Denn wer sich wirklich gesund ernähren will, stößt auf allerlei Hindernisse. Das Komplizierte an einer Ernährungsumstellung ist eigentlich nicht das Essen an sich. Sondern die Welt um uns herum.

- Wir ertrinken in der Informationsflut. Jeder hat einen guten Rat, wenn es um gesunde Ernährung geht. Wir wissen nicht, was richtig für uns und unser Ziel ist.
- Wir haben keine Zeit. Arbeit und Familie verlangen uns viel ab. Wir wollen gesund essen. Aber gesunde Ernährung gibt es selten „to go".
- Wir stehen unter Stress. Dadurch steigt der Blutspiegel des Stresshormons Cortisol, das Hunger auf Junk Food, Süßigkeiten und schnelle Kohlenhydrate macht.
- Wir können an jeder Ecke schnell etwas essen. Die Supermärkte bieten haufenweise fertig oder fast fertig zubereitete Speisen und Snacks an. Imbiss-Buden und Franchise-Ketten locken uns mit schnellem Essen zum Mitnehmen. ABER: Selten ist wirklich gesundes Essen dabei! Industrienahrung ist extra so zusammengesetzt, dass wir schnell wieder Hunger bekommen – auf mehr.

- Wir sind allein. Selten spielt das Umfeld mit, wenn es um die Umstellung auf eine gesunde Ernährung geht. Die Kollegen machen Witzchen, und die Familie will „endlich wieder Pasta & Pizza".

## Wie jetzt – soll ich es dann gleich lassen?

Nach all den Hindernissen, die ich beschrieben habe, denkst du dir vielleicht: Sie hat recht. Es ist viel zu kompliziert. Aber das stimmt nicht! Du musst nicht dein komplettes Leben umkrempeln, um gesund zu essen. Du musst nicht viele Stunden Arbeit pro Tag investieren, um abzunehmen. Du musst dich vom gesunden Lebensstil nicht noch zusätzlich stressen lassen. Denn Stress hast du genug – und genau der macht dick.

Du brauchst keine extrem aufwendigen Spezial-Rezepte mit 120 Zutaten und keine superduper Küchengeräte. Manchmal genügen kleine Änderungen – wenn es die richtigen sind. Gesunde Ernährung kann so simpel sein. Du musst nur wissen, an welchen Stellen die Gefahren lauern.

Genau dabei soll dir dieses Buch helfen. Gemeinsam sehen wir uns im Theorieteil die Tücken unseres Alltags an, und du wirst lernen, wie du diese Situationen geschickt meisterst, um deinem schlankeren und gesünderen Ich leicht und locker – ohne zusätzlichen Stress – immer näher zu kommen.

Nachdem du in diesem Buch die Ernährungsfallen im Alltag und smarte Lösungen dafür kennengelernt hast, geht es an die Theorie der Foodpunk-Ernährungsweise. Hier lernst du, welche Lebensmittel deinem Körper guttun und welche weniger. Auch wenn grundlegende Elemente einer gesunden Ernährung für alle gelten, haben wir nicht alle denselben Bedarf, denselben Lebensstil und dasselbe Ziel. Darum findest du im Anschluss einen Test, mit dessen Hilfe du deinen individuellen Fahrplan festlegen kannst.

Eine natürliche und ausgewogene Low-Carb-Ernährung ist für die meisten Menschen der beste Weg, um schnell und effektiv, aber auch langfristig gesund abzunehmen. Doch es existieren verschiedene Formen der Low-Carb-Ernährung: von *Ultra-Low-Carb* (ketogen) bis zu *moderatem Low Carb* mit etwas mehr Kohlenhydraten. Der Typ-Test hilft dir dabei, herauszufinden, welcher Weg für dich der beste ist, und du lernst, wie du mit einem Baukasten-System selbst supereasy schnelle gesunde Rezepte kreieren kannst.

Im Anschluss stürzen wir uns direkt in den Rezept-Teil mit seinen 125 leckeren Rezepten für schnelle gesunde Mahlzeiten. Darunter findest du auch köstliche Desserts, denn gesunde Ernährung schmeckt, macht Spaß und enthält gern auch mal den einen oder anderen Gaumenschmeichler.

Ich wünsche dir viel Freude beim Lesen, eine stressfreie Ernährungsumstellung und natürlich viel Erfolg auf deinem Weg!

Wenn du Fragen hast, kannst du mich jederzeit unter marina@foodpunk.de kontaktieren. Übrigens findest du auf meiner Website www.foodpunk.de immer noch mehr Artikel mit Hintergrundwissen zu Ernährungsthemen.

Alles Liebe
Marina, Ernährungswissenschaftlerin und Foodpunk

# THEORIE

# DIE TÜCKEN UNSERER

## STRESSIGEN WELT

In unserer stressigen Welt lauern die Dickmacher an allen Ecken. Lerne diese heimtückischen „Ernährungsfallen" rechtzeitig zu erkennen und ihnen geschickt auszuweichen. Denn wenn du die Hindernisse auf dem Weg zu deiner gesunden Ernährung kennst und sie im Alltag rechtzeitig *er*kennst, kannst du sie durch bewusste, kluge Entscheidungen auch leicht umgehen.

Viele „Motivationsräuber" begegnen uns bei unseren Bemühungen um einen schlanken und fitten Körper. Wenn du weißt, wo die Tücken lauern und wie du schlau damit umgehst, behältst du die Oberhand. Mit den richtigen Tricks und bewussten, klugen Entscheidungen wird das Abnehmen plötzlich so leicht!

Das sind die fiesesten „Fallstricke" auf dem Weg zu einer gesunden Ernährung in der heutigen Zeit:

• Industriell gefertigte Nahrungsmittel/ Fertiggerichte
• Ständiger Stress und Zeitdruck
• Schlafmangel und zu viel Bildschirmarbeit
• Perfektionismus, der zusätzlich stresst

All diese Punkte machen uns nicht nur „im Magen" oder „im Kopf" Ärger – nein, sie beeinflussen auch zahlreiche Hormone in unserem Stoffwechsel.

Lebensmittelunternehmen stecken viel Geld in Forschungen, um herauszufinden, welcher Geschmack, welche Zusammensetzung und welches Mundgefühl am meisten Lust auf mehr machen und die Gier auf ein Produkt anstacheln. Produkte, die ganz gezielt so designt sind, dass sie Heißhunger auslösen, beeinflussen unsere körpereigenen Hunger- und Sättigungshormone.

Stress bringt unsere Nebennierenrinde dazu, Cortisol auszuschütten. Wenn dieses sogenannte Stresshormon im Übermaß vorhanden ist, macht es uns Hunger auf schnell verfügbare Energie: Zucker, schnelle Kohlenhydrate, Fast Food. Da uns heutzutage oft nicht nur die Zeit zum Einkaufen und Kochen fehlt, sondern auch die Zeit, um in Ruhe zu essen, futtern wir oft nebenbei und zu schnell, sodass der Körper kaum die Zeit hat, Sättigungshormone auszuschütten.

Wenn wir abends zu lange am Smartphone hängen oder vor dem Fernseher sitzen, wird das wichtige Schlafhormon Melatonin nicht freigesetzt, das eigentlich für einen regenerativen Schlaf und für Stressabbau zuständig ist.

Unsere moderne, von Stress geprägte Lebensweise bringt grundlegende hormonelle Mechanismen durcheinander, die eigentlich dazu dienen, uns gesund, schlank und leistungsfähig zu erhalten. Von uns meist unbemerkt betreibt unser hektischer, aufreibender Alltag Raubbau an unserer Gesundheit, indem er unser hormonelles Gleichgewicht stört.

Hormone sind immer stärker als unser Wille. Wenn sie nicht in der Balance sind, fallen uns eine gesunde Ernährung und damit verbunden ein gesundes Abnehmen wesentlich schwerer – wenn es überhaupt klappt. Das gleicht einem Kampf gegen Windmühlen. Solange *in* unserem Körper nicht alles reibungslos abläuft, können wir ihm *von außen* so viele Diäten aufdrängen, wie wir wollen – doch im besten Fall wird nur für kurze Zeit etwas passieren oder überhaupt nicht. Im schlechtesten Fall richten Diäten langfristig zusätzlichen Schaden an. So programmiert beispielsweise eine *Low-Fat-High-Protein*-Diät (die in der Fitness-Welt sehr beliebt ist) unsere Hormone langfristig auf Heißhunger und den Jo-Jo-Effekt. Eine *Low-Fat-High-Carb*-Diät (das ist z. B. im extremsten Fall eine strenge Frutarier-Ernährung, also nur Obst, sonst nichts oder auch Saftkuren) enthält dem Körper wertvolle Proteine vor und belastet langfristig die Leber und die Bauchspeicheldrüse mit einem konstanten Fruchtzucker-Strom.

Wir brauchen also eine Ernährung, die *mit* unserem Körper und dem Hormon-System im Team spielt und nicht dagegen ankämpft. Gesund abnehmen können wir nur *mit* unserem Körper, nicht *gegen* ihn!

**Die gute Nachricht Nummer 1:** Du bist nicht schuld, wenn es mit dem Abnehmen bisher nicht geklappt hat. Es ist nicht dein Mangel an Disziplin, der dir das Leben schwer macht, es sind all die Feinde einer gesunden Ernährung, die dein Hormonsystem torpedieren.

**Die gute Nachricht Nummer 2:** Du hast es in der Hand. Du kannst die Welt um dich herum zwar nicht grundlegend verändern. Aber du kannst mit kleinen Änderungen an den richtigen Stellen die Saboteure im Alltag geschickt austricksen. Hier stimmt das geflügelte Wort „Wissen ist Macht".

Wenn du die zugrunde liegenden Mechanismen erst einmal verstanden hast, wird es dir viel leichter fallen, gute Entscheidungen zu treffen. Mit dem nötigen Hintergrundwissen über Ernährung bist du zu jeder Zeit gegen die Tücken des Alltags gewappnet. Schauen wir uns also die Hormone unseres Stoffwechsels genauer an, die hier das Ruder in der Hand haben.

# Insulin

Insulin ist wohl das bekannteste Hormon unseres Stoffwechsels. Es ist ein wichtiger Grund (aber nicht der einzige), warum die Foodpunk-Ernährung auf einer Reduktion der Kohlenhydrate beruht.

Nachdem du Kohlenhydrate gegessen hast, werden sie in deinem Magen-Darm-Trakt in ihre Einzelteile aufgespalten. Ein solcher Kohlenhydratbaustein ist der Einfachzucker Glukose, auch „Traubenzucker" genannt. Sobald der Körper Glukose aufnimmt, wird Insulin

## Schon gewusst?

Die Evolution des Menschen begann vor Jahrmillionen. In dieser Zeit haben sich unsere Gene, die Enzyme unseres Stoffwechsels und unser ganzer Körper der Umwelt und der vorhandenen Nahrung perfekt angepasst. Der Ackerbau kam vermutlich vor rund 12 000 Jahren auf – das ist im Vergleich zu den davor liegenden mindestens 2,4 Millionen Jahren Entwicklungsgeschichte kein langer Zeitraum.

Doch auch die Ackerbauern erlebten immer wieder Notzeiten – infolge von Dürreperioden und Ernteausfällen. Die Bestellung der Felder war mit harter körperlicher Arbeit verbunden. Von Softdrinks, Knuspermüsli und Eis am Stiel ahnten unsere Vorfahren auch noch nichts.

Im Schlaraffenland leben wir erst seit wirklich kurzer Zeit. Die industrielle Herstellung von Nahrungsmitteln begann im 18./19. Jahrhundert. Aber erst seit den 1950er-Jahren, der Zeit des „Wirtschaftswunders", rufen uns Reklametafeln entgegen, welcher wundervoll zuckrige Schokoriegel es jetzt wieder sein muss. Erst seit dieser Zeit „baden" wir wirklich im Überfluss und kommen zu jeder Zeit an jedem Ort günstig und schnell an süßes und herzhaftes Junkfood. Und was sind 60 bis 70 Jahre im Verhältnis zu den über 2 Millionen Jahren der gesamten Evolution? Ein Staubkorn. Unsere Gene und unser Stoffwechsel hatten nie eine Chance, sich auf Industriefutter und damit auf schnell verfügbare Energie einzustellen.

ausgeschüttet. Das freigesetzte Insulin ist das Signal für unsere Zellen, dass jetzt Zucker im Anmarsch ist. Die Insulin-Moleküle docken an Zellen an und sorgen dafür, dass sich die Tore für die Glukose öffnen. So gelangt der Zucker in die Muskulatur.

Das Hormon wird von den Inselzellen („Langerhans-Inseln") der Bauchspeicheldrüse ausgeschüttet (daher auch der Name „Insulin").

An sich ist es ein sehr positives Hormon: Es sorgt für eine gute Aufnahme der ankommenden Energie in die Zellen – und auch Aminosäuren, die „Eiweißbausteine", gelangen durch das Signal von Insulin besser in die Muskulatur. Außerdem besitzt Insulin eine sättigende Wirkung: Zirkuliert Insulin im Blut, weiß das Gehirn, dass Energie im Körper angekommen ist und es seine Steuerung auf „satt" stellen kann, damit der betreffende Mensch nicht mehr weiterisst.

Nun kommt das große ABER: Solange wir so gegessen haben wie unsere Vorfahren, musste unser Körper nur mit natürlichen Lebensmitteln umgehen. Hin und wieder war die Nahrung knapp, hin und wieder haben sie den Jackpot geknackt und ein Mammut erlegt oder einen Strauch voll süßer Beeren gefunden. Sie wurden aber niemals von Weißbrot, Schokoriegeln und Chips „überschwemmt".

Das Insulin und die anderen Hormone unseres Stoffwechsels sind nicht darauf eingerichtet, dass ständig schnell verfügbare Kohlenhydrate nachgeliefert werden.

Dabei passiert Folgendes: Gelangt sehr viel Glukose schnell und auf einmal ins Blut, wird sehr viel Insulin ausgeschüttet. Das Insulin packt die Glukose rasend schnell in die Zellen, wodurch der Blutzuckerspiegel schnell wieder absinkt. So entsteht Heißhunger auf den nächsten Snack. Mit unseren 5 bis 6 Mahlzeiten und Snacks pro Tag locken wir andauernd Insulin. Das Hormon befindet sich in einem ständigen Auf und Ab, es fährt regelrecht Achterbahn. Wir fallen von einem Konzentrationsloch ins nächste und retten uns daraus wieder mit einem schnellen Snack.

Weil wir ständig Hunger auf Kohlenhydrate haben und ständig Snacks nachschieben, verliert der Körper seine Fähigkeit, Fett zu verbrennen. Denn sobald viel Insulin im Blut ist, wird die Fettverbrennung gestoppt. Die Kohlenhydrate werden also verarbeitet, aber das Fett, das der Snack mitliefert, landet direkt in den Fettzellen und wird dort für schlechtere Zeiten gespeichert. Nur dass diese schlechten Zeiten nie kommen, denn wir leben ja schließlich im Schlaraffenland.

## Bring dein Insulin ins Gleichgewicht

Die größte Tücke unseres Alltags ist also das Schlaraffenland um uns herum. Überall begegnen wir Reklametafeln mit Riesenfotos von Leckereien. Wir können zu jeder Zeit essen. Wir tun das häufig auch – morgens eine kleine Portion Cornflakes, die nicht bis mittags satt macht. Also folgt um 11 Uhr der kleine Knusper-Snack am Vormittag. Dann ein Mittagessen in der Kantine. Von dort nehmen wir uns noch ein Dessert mit, das wir dann ein bis zwei Stunden später vertilgen. Am Nachmittag verführt uns der Appetit auf Süßes – es gibt Kuchen oder Schokolade. Am Abend sind wir dann vollends gestresst, wir haben schon vor dem Abendessen Hunger und holen uns noch eine Kleinigkeit für unterwegs. Zu Hause sind wir dann zu kaputt für eine echte Hauptmahlzeit und werfen lieber vor dem Fernseher noch einen kleinen Snack ein.

Mit ein paar cleveren Tricks bringst du deinen Insulinhaushalt wieder ins Gleichgewicht:

### 1. Iss 3-mal am Tag

Morgens, mittags, abends. Das ist absolut ausreichend. Wir müssen uns nicht rund um die Uhr Energie zuführen. Unser Körper ist bestens darauf eingerichtet, Nährstoffe zu speichern und sie im Lauf des Tages freizusetzen.

### 2. Mach 4 bis 6 Stunden Pause zwischen den Mahlzeiten.

Denn dein Körper muss die Chance haben, gespeicherte Nährstoffe (Fett, Kohlenhydrate) wieder freizugeben. Und diese Fähigkeit muss er erst wieder trainieren. Wenn du die Pausen einhältst, wirst du bei den drei Mahlzeiten auch mehr und mehr echten Hunger haben. Die Pausen zwischen den Mahlzeiten kurbeln die Fettverbrennung enorm an.

### 3. Verzichte auf schnelle Kohlenhydrate

Denn die locken zu viel Insulin und stacheln den Heißhunger an. Wenn du morgens Cornflakes isst, hältst du es kaum vier Stunden bis zum Mittagessen aus. Wenn du hingegen Kohlenhydrate zu dir nimmst, die langsam aufgespalten werden, wird nur langsam Insulin ausgeschüttet, und du bleibst lange satt. In Phase 1 der Foodpunk-Challenge sind grünes Gemüse und Beeren deine Kohlenhydratquellen, in Phase 2 kommen weitere Gemüse- und Obstsorten hinzu. In Phase 3 stehen zusätzlich stärkehaltige Kohlenhydrate auf dem Speiseplan. Zusammen mit den Ballaststoffen aus Gemüse werden sie nur langsam verdaut und aufgenommen.

# Glukagon

Das Glukagon – der Gegenspieler des Insulins – ist ein etwas weniger bekanntes Hormon. Nachdem wir Kohlenhydrate mit der Nahrung aufgenommen haben, wird als Erstes Insulin ausgeschüttet. Daraufhin wird die Glukose in die Zellen geschickt. Alles, was nicht sofort verbraucht wird, wird in Muskulatur und Leber als Glykogen (ein Vielfachzucker, die Speicherform von Glukose) eingelagert oder in Fett umgewandelt. Wenn alles „aufgeräumt" und der Blutzuckerspiegel ziemlich niedrig ist, tritt Glukagon auf den Plan. Es sorgt nun dafür, dass wir zwischen den Mahlzeiten ausreichend Energie zur Verfügung haben. Während Insulin alles aufräumt und speichert, hat Glukagon die Aufgabe, die gespeicherten Nährstoffe wieder zu mobilisieren. Es sorgt dafür, dass das Glykogen aus der Leber abgebaut und die Glukose langsam und stetig ins Blut abgegeben wird.

Glukagon erhöht auch die Menge fettaufspaltender Enzyme (sogenannte Lipasen). Es fördert somit die Freisetzung von Fett aus den Depots. Die Fettsäuren gelangen ins Blut und können nun – etwa von der Muskulatur – als Energielieferanten verbraucht werden.

Wenn wir jedoch kontinuierlich vor uns hin futtern, hat das Glukagon kaum eine Chance. Denn es wird erst in Essenspausen ausgeschüttet, wenn wir Energie benötigen – dann werden die Speicher geleert. Solange Energie von außen nachgereicht wird, bleibt das Glukagon in seinem Versteck.

### Bring dein Glukagon ins Gleichgewicht

Mit diesen Tricks sorgst du für eine natürliche Glukagon-Ausschüttung:

### 1. Iss zu jeder Mahlzeit eine Portion Protein

Normalerweise wird nach dem Essen Insulin ausgeschüttet. Es gibt aber ein Szenario, bei dem nach dem Essen nicht nur Insulin, sondern gleichzeitig auch Glukagon ausgeschüttet wird, obwohl die beiden eigentlich Gegenspieler sind: Wenn die Mahlzeit eine ausreichende Portion Protein enthält. Denn Protein stimuliert die Ausschüttung von Glukagon.

## 2. Achte auch für das Glukagon auf Pausen zwischen den Mahlzeiten

Die 4- bis 6-stündigen Pausen zwischen den Mahlzeiten sind nicht nur für eine geregelte Insulinfreisetzung wichtig. Auch um eine gesunde Ausschüttung von Glukagon zu erreichen, musst du auf diese Pausen achten. Denn Glukagon wird erst in den Esspausen so richtig aktiv und kann dann die Fettverbrennung fördern. Keine Sorge: Du gewöhnst dich rasch an diese vermeintliche Beschränkung und hast dann großen Nutzen davon!

## 3. Schlafe ausreichend

Wer chronisch zu wenig schläft und übermüdet ist, hat weniger Glukagon im Blut. Schon nach einer Nacht mit Schlafmangel sinkt der Glukagonspiegel ab. Auf diese Weise hemmt Schlafmangel die Fettverbrennung, und folglich erschwert chronischer Schlafmangel eine Gewichtsabnahme ganz enorm.

# Leptin

Während Insulin und Glukagon abhängig von Mahlzeiten ausgeschüttet werden und ihre Werte im Tagesverlauf stark schwanken, wirkt Leptin als langfristiger Regulator. Die Insulin- und Glukagonmengen können mehrmals am Tag beträchtlich ansteigen und wieder absinken. Leptin dagegen ist viel „starrer": Es verändert seinen Gehalt eher von Woche zu Woche und von Monat zu Monat.

Das Hormon Leptin hat im Körper die Aufgabe einer „Füllstandsanzeige". Es gibt dem Gehirn Auskunft darüber, wie viele Fettreserven aktuell vorhanden sind. Ist viel Leptin im Blut, weiß das Gehirn, dass die Fettdepots gut gefüllt sind. Ist der Leptinspiegel eher niedrig, realisiert das Gehirn, dass das Speicherfett zur Neige geht – und kann entsprechend darauf reagieren.

Folglich löst Leptin im Körper ein Sättigungsgefühl aus. Viel Leptin heißt viele Vorräte – also schaltet das Gehirn auf „satt" und sorgt dafür, dass der jeweilige Mensch keine weitere Nahrung aufnimmt. Sind die Fettdepots gut gefüllt, werden außer dem Sättigungssignal noch weitere Mechanismen in Gang gebracht: Leptin regt die Schilddrüse an und diese ihrerseits den Stoffwechsel. Umgekehrt wächst bei einem niedrigen Leptinspiegel der Hunger, während der Stoffwechsel herunterfährt.

Auf diese Weise reguliert Leptin unser Gewicht. Seine Aufgabe ist es, die Menge der Fettreserven in einem gesunden Rahmen zu halten: nicht zu viel und nicht zu wenig. Wie aber kann dann ungesundes Übergewicht entstehen? Müsste jemand, der stark an Gewicht zunimmt, nicht eigentlich mehr Leptin im Blut haben, das ihn dann sehr satt macht und die Fettverbrennung fördert? Eigentlich ja! Aber hier kommt eine weitere Tücke unseres Schlaraffenlands zur Wirkung.

Jemand, der an Gewicht zunimmt, hat mehr Leptin im Blut. Und das macht – eigentlich – satt. Leider ist dieses Sättigungsgefühl aber nicht auf die Verlockungen des Alltags ausgelegt und ihnen häufig nicht gewachsen: Die Reize von saftigem Kuchen, knackiger Schokolade oder salzigen Chips sind oft stärker als unser natürlicher Sättigungsmechanismus. Wie oft hast du schon weitergegessen, obwohl du eigentlich satt warst? Vielleicht weil das Gericht so lecker war oder weil du es nur dort und nur dann bekamst?

Wenn wir unsere natürlichen Sättigungsmechanismen oft ignorieren, nehmen wir immer weiter zu. Man kann auch hier wieder von „Sabotage" sprechen: Industriefutter, Werbung und die emotionale Befrachtung des Essens bremsen unser natürlicherweise eingebautes Stoppsignal aus.

Bei kontinuierlich steigendem Übergewicht ist immer mehr Leptin im Blut – bis das Gehirn irgendwann „seine Ohren auf Durchzug stellt". Das Leptin sagt dem Gehirn Tag für Tag: „Hier sind genügend Reserven vorhanden." Also sendet uns das Gehirn das Signal „satt". Aber es geschieht nichts, wir essen trotzdem weiter. Wieder und wieder teilt das Leptin unserem Gehirn mit: „Hier sind genügend Reserven vorhanden! Hörst du nicht, Gehirn? Wir haben GENÜGEND RESERVEN!" Das Gehirn, das bisher immer brav „Sättigung erfolgt" signalisiert hat, hat keine Lust, sich anbrüllen zu lassen. Und stellt sich taub. Von nun an kann das Leptin anklopfen, rufen und schreien, so viel es will. Das Gehirn ignoriert sämtliche Kommunikationsversuche.

Das passiert bei starkem Übergewicht – es entsteht eine *Leptinresistenz*, und der natürliche Sättigungsmechanismus wird ausgehebelt. Trotz starken Übergewichts spürt man nun Tag für Tag nagenden Hunger und möchte mehr und mehr essen, ganz so, als herrschte ein Leptinmangel im Blut.

Eine durch *zu hohe Mengen* an Leptin entstandene Leptinresistenz ist aber nicht die einzige Art der Störung für diesen hormonellen Mechanismus. Eine Leptinresistenz wirkt so auf den Körper, als wäre *zu wenig* Leptin im Blut. Es kann aber tatsächlich auch schlicht zu wenig Leptin im Blut sein. Wann ist das der Fall? Klar, bei Untergewicht, wenn die Fettreserven zu gering sind. Aber auch Schlafmangel, ausgefallene Mahlzeiten und die *No-Carb*-Ernährung können dazu führen, dass der Leptinspiegel niedriger ist, als er den vorhandenen Fettreserven nach sein müsste. Bei einem zu niedrigen Leptinspiegel läuft dasselbe ab wie bei einer Leptinresistenz: Der betreffende Mensch bekommt intensiven Hunger, sein Stoffwechsel und die Fettverbrennung werden gedrosselt.

Was können wir dagegen tun? Bei einer Leptinresistenz aufgrund zu großer Fettreserven und eines zu hohen Leptinspiegels hilft nur eines: Gewicht abnehmen. Aber ist das denn überhaupt möglich, wenn man ständig Hunger hat? Ja. Hier musst du nur besonders darauf achten, dass deine Mahlzeiten exakt so zusammengesetzt sind, dass sie keinen Heißhunger hervorrufen und dich lange sättigen machen. Sämtliche Mahlzeiten der 3 Phasen unserer Foodpunk-Challenge sind so zusammengesetzt, dass sie dich satt machen, auch wenn du eine Leptinresistenz hast. Halte dich einfach an das Foodpunk-Baukastensystem. Wenn du dann abnimmst und dadurch dein Leptinspiegel wieder etwas absinkt, wird dein Gehirn irgendwann wieder auf die Signale des Leptins hören. Eine Leptinresistenz ist reversibel, das heißt umkehrbar.

## Heb deinen Leptinspiegel auf natürliche Weise an

Um auch einen zu niedrigen Leptinspiegel wieder auf ein gesundes Niveau anzuheben, gibt es ein paar Kniffe, die ich dir hier verraten werde. Ich spreche dabei aber nicht von einem zu niedrigen Leptinspiegel als Folge von Untergewicht, denn hier ist der Mechanismus, dass Leptinmangel Hunger auslöst, sehr wichtig und im Extremfall lebensrettend. Bei einem durch Untergewicht verursachten zu niedrigen Leptinspiegel heißt die Lösung: gesunde Gewichtszunahme. Das nur am Rande, denn dieses Buch richtet sich an alle, die aus triftigen Gründen abnehmen wollen und nicht untergewichtig sind.

### 1. Iss in den ersten 30 Tagen immer ein Frühstück

Eine gewisse Menge Protein und Fett am Morgen sorgt für einen gesunden Leptinspiegel. Wer oft morgens nichts isst, mittags vielleicht nur trockenen Salat und abends dann dem

Heißhunger erliegt, der zerstört sein Leptin-Gleichgewicht. Du musst absolut nicht 4- bis 6-mal pro Tag essen. Aber gerade, wenn du erst mit einer kohlenhydratarmen Ernährung beginnst, ist das Frühstück sehr wichtig.

### 2. Schlafe ausreichend
Auch beim Thema Leptin spielt ausreichender Schlaf eine wichtige Rolle, denn Schlafmangel senkt den Leptinspiegel ab. So schaltet dein Gehirn auf „Hunger" und fährt den Stoffwechsel herunter, obwohl du eigentlich genug Energiereserven (Fett) gespeichert hast.

### 3. Lass nicht sämtliche Kohlenhydrate weg
Für eine gesunde Leptinproduktion ist (mindestens) eine kleine Menge Insulin notwendig. Darum rate ich ausdrücklich von der *No-Carb*-Diät ab, bei der man sogar auf Gemüse verzichten muss. Leider begegne ich oft einer Mentalität von „weniger ist besser" oder „je extremer, desto effektiver". Das klappt so aber nicht. 30 Gramm Kohlenhydrate pro Tag sind eine ausreichend geringe Menge, und darunter solltest du nicht gehen. Die Fettverbrennung ist dabei sehr aktiv, und trotzdem nimmst du ausreichend Vitamine und Mineralstoffe auf, und es werden günstige Mengen Insulin freigesetzt, die deine Leptinproduktion fördern.

# Die heimlichen Stars der Sättigung

Von Insulin haben die meisten Menschen schon einmal gehört. Auch Glukagon und Leptin sind oft geläufig. Eher unbekannt sind allerdings die vielen kleinen Hormone, die im Magen-Darm-Trakt freigesetzt werden und ebenfalls einen erheblichen Einfluss auf Hunger und Sättigung haben, die sogenannten gastrointestinalen Peptidhormone. Ein Peptid ist eine Verbindung von Aminosäuren (Eiweiß-bausteinen), man könnte sagen, es ist ein kurzes Protein. Diese Hormone sind also klein. Da „Gastrointestinaltrakt" ein anderes Wort ist für Magen-Darm-Trakt, sind die gastrointestinalen Peptidhormone dementsprechend kleine Hormone, die im Magen-Darm-Trakt gebildet werden.

Dazu gehören Ghrelin, CCK (Cholecystokinin), Gastrin, Sekretin und viele mehr. Ihre Aufgabe ist es, genau zu analysieren, welche Nahrungsbestandteile den Weg in unseren Magen finden, und die notwendigen Mechanismen zu ihrer Aufnahme und Verwertung in Gang zu setzen. Jedes Hormon reagiert auf einen besonderen Reiz. So misst beispielsweise Ghrelin die Magendehnung und CCK den Proteingehalt unserer Nahrung. Wieder andere überwachen, wie viel Fett, wie viel Energie, wie viele Kohlenhydrate und so weiter im Magen und Darm ankommen – noch bevor überhaupt Glukose im Blut auftaucht und Insulin ausgeschüttet wird. Abhängig von der Zusammensetzung der Nahrung stellen die kleinen Hormone unsere Steuerung auf „satt" oder „Hunger".

Sinn und Zweck des Ganzen ist es, die ausreichende Versorgung mit allen Nährstoffen zu sichern. Erst wenn der Nährstoffbedarf in allen Bereichen wirklich gedeckt ist, singt der Chor der Hormone gemeinsam „satt" und teilt dem Gehirn mit, dass es seinerseits Sättigung signalisieren kann.

Damit die Versorgung mit genügend Nährstoffen immer gewährleistet ist, können die Hormone nicht nur Sättigungs- und Hungergefühl steuern.

Sie können auch regulieren, wie schnell sich der Magen bewegt, wie viele Verdauungsenzyme freigesetzt werden und wie schnell oder langsam der Magen die Nahrung an den Darm abgibt. Denn während *im Magen* die Nahrung zerkleinert und aufgespalten wird, werden *im Darm* die Nährstoffe aufgenommen – Energieträger wie Kohlenhydrate, Fette und Protein, aber auch Mikronährstoffe wie Vitamine und Mineralstoffe.

Um hier „hinterherzukommen" und alle vorhandenen Nährstoffe auch wirklich aufnehmen zu können, braucht der Darm Zeit. Wenn ein gastrointestinales Hormon also bemerkt, dass gerade sehr viele Nährstoffe auf einmal „angeschwemmt" werden, verlangsamt es die Verdauung und die Magenentleerung, damit die Darmzellen alles aufnehmen können und kein Nährstoff mal eben an der Darmschleimhaut „vorbeihuscht".

## Industrienahrung spielt die Sättigungshormone gezielt gegen uns aus

Das Problem an unserem heutigen Schlaraffenland: Wir verzehren zu viele leere Kalorien. Je nährstoffärmer ein Lebensmittel ist, desto mehr müssen wir davon essen, bis alle Hormone feststellen, dass die Zufuhr an Nährstoffen ausreicht, und das Sättigungsgefühl auslösen.

Und: Industrielle Nahrung ist gezielt so gefertigt, dass der Hunger auf das Produkt bestehen bleibt. Auch in der Lebensmittelindustrie arbeiten Ernährungswissenschaftler, und die kennen diese Prozesse ganz genau. Es wird viel Geld in Forschungsarbeit und Untersuchungen investiert, um Produkte so zu kreieren, dass sie schnell Lust auf mehr machen. Es widerspricht unserer Natur, dass wir noch Hunger haben, wenn wir eigentlich genügend Nährstoffe aufgenommen haben. Also legt es die Lebensmittelindustrie darauf an, mit ihren Produkten diesen natürlichen Sättigungsprozess auszuhebeln. Das schafft man über deren spezielle Zusammensetzung.

Unsere gastrointestinalen Hormone sind von Haus aus auf den Umgang mit natürlichen Nahrungsmitteln ausgelegt. Sie sind darauf trainiert, im richtigen Moment auf „satt" zu schalten. Doch aufgrund der speziellen Zusammensetzung industriell gefertigter Produkte werden manche Hormone nicht aktiviert. Und solange nicht alle gastrointestinalen Hormone gemeinsam dasselbe Signal geben – nämlich „Bei uns sind ausreichend Nährstoffe angekommen, liebes Gehirn, du kannst auf ‚satt' schalten!" – setzt das Sättigungsgefühl nicht richtig ein.

## Die ultimative Heißhunger-Formel

Die Lieblingszusammensetzung der Industrienahrungsmittelproduzenten sieht so aus: etwa 50 Prozent Fett, 40 Prozent Kohlenhydrate und maximal 10 Prozent Protein. Man könnte diese Kombination auch als „Dickmacher-Formel" bezeichnen. Protein hat einen guten Sättigungseffekt, denn es stimuliert das Sättigungshormon CCK. Also ist es besser für die Lebensmittelindustrie, wenn in ihren Produkten nicht zu viel davon steckt. Müsliriegel, Frühstücks-Cornflakes, Schokoriegel und Chips halten sich sehr genau an diese „Zauberformel für Heißhunger". Am liebsten verarbeitet die Industrie Kristallzucker und Weißmehl, die den Blutzuckerspiegel schnell ansteigen lassen und den ganzen Tag über für Heißhunger sorgen. Auch billige, minderwertige (und unethisch erzeugte) Fette stehen hoch im Kurs.

Daher wirken industriell gefertigte Lebensmittel kaum auf unsere gastrointestinalen Hormone, setzen also unseren eingebauten Sättigungsmechanismus nicht in Gang. Die Hormone in unserem Magen-Darm-Trakt können den Industrieprodukten nichts abgewinnen – denn sie suchen stets nach wertvollen Nährstoffen, Vitaminen und Mineralstoffen.

Und solange sie diese nicht bekommen, bleibt das Signal auf „Hunger" stehen. Man kann also mehr und noch mehr von diesen Lebensmitteln essen, ohne jemals satt zu werden. Industrie-Lebensmittel sind die perfekten Sucht-Auslöser.

## Die Sättigungshormone müssen ins Gleichgewicht zurückkehren

Der wichtigste Schritt, um unseren natürlichen Sättigungsmechanismus wiederherzustellen, besteht darin, dass wir auf natürliche Lebensmittel zurückgreifen. Denn kein natürliches Nahrungsmittel enthält die süchtig machende Kombination aus Fett und Kohlenhydraten.

Nur mit echten, natürlichen Lebensmitteln lieferst du deinem Körper alle Nährstoffe in ausreichenden Mengen. Die gastrointestinalen Hormone erkennen dies und schalten dementsprechend rechtzeitig auf „satt".

Hier die wichtigsten Tricks, wie du deine Hormone in einen natürlichen Hunger- und Sättigungsmechanismus zurückführst:

### 1. Schlafe ausreichend
Ja, dieser Punkt steht schon wieder oben auf der Liste. Das einzige gastrointestinale Hormon, das aktiv „Hunger" auslöst, ist das Ghrelin. (Die anderen Hormone können nur das Signal „satt" geben. Sind weniger von ihnen im Blut, bedeutet das automatisch „mehr Hunger".) Ghrelin steigt bei Schlafmangel an und macht dich noch hungriger.

### 2. Iss voluminös
Wenn du dich am Foodpunk-Baukasten orientierst, enthält dein Teller automatisch einen großen Teil Gemüse. Dieses Volumen ist wichtig. Denn ein Faktor, der zu deinem Sättigungsgefühl beiträgt, ist die Magendehnung. Sobald der Magen durch eine Mahlzeit ausreichend gedehnt ist, sinkt der Spiegel des Ghrelins, des Hungerhormons, ab.

### 3. Meide leere Kalorien
Solange zwar viele Kalorien in deinem Magen ankommen, aber nicht genug Vitamine und Mineralstoffe, bleibst du weiterhin hungrig. Einige Hormone im Magen-Darm-Trakt prüfen zwar, ob überhaupt ausreichend Kalorien eintreffen, und schalten dann auf „satt". Aber erst, wenn alle Hormone einstimmig dasselbe Signal aussenden, fühlst du dich wirklich satt. Darum achte darauf, dass deine Mahlzeiten stets reich an Mikronährstoffen sind, damit auch diejenigen Hormone, die auf diese Substanzen spezialisiert sind, dir das Sättigungsgefühl signalisieren können.

### 4. Packe Protein in jede Mahlzeit
Diesen Tipp habe ich dir bereits weiter vorn im Zusammenhang mit dem Glukagon gegeben. Aber auch hier wird er wieder relevant, denn das Sättigungshormon CCK reagiert auf Eiweiß in der Nahrung. Mach es also anders als die Lebensmittelindustrie und packe sättigendes Protein in jede Mahlzeit. Wenn du dich an den Foodpunk-Baukasten hältst, bist du auch hiermit gut versorgt.

### 5. Iss achtsam
Die Sättigungshormone brauchen etwas Zeit, bis sie dir ihre Befriedigung signalisieren können. Immerhin muss die Nahrung erst in deinen Magen gelangen. Dort wird sie zerkleinert und aufgespalten. Anschließend gelangt sie Stück für Stück in deinen Darm, wo nun geprüft wird, welche Nährstoffe darin stecken. Wenn du in der Zeit, die es braucht, bis das erste Sättigungshormon aktiviert wird, schon bergeweise Essen in dich hineingeschaufelt hast, kann es sein, dass das Sättigungsgefühl erst einsetzt, wenn du dir schon längst genügend Energie und Nährstoffe zugeführt hast. Kaue daher langsam und genieße jeden Bissen.

# Stress und Schlaf – Cortisol und Melatonin

Die beiden Hormone Cortisol und Melatonin hängen nicht direkt mit der Nahrungsaufnahme zusammen und gehören folglich nicht zu den gastrointestinalen Hormonen.

Cortisol wird in der Nebennierenrinde gebildet und ist auch als „Stresshormon" bekannt. Melatonin wird im Gehirn in der Zirbeldrüse aus Serotonin hergestellt und auch „Schlafhormon" genannt. Es steuert unseren Tag-Nacht-Rhythmus.

Obwohl diese Hormone auf den ersten Blick nichts mit Essen und Abnehmen zu tun haben, werden wir beim zweiten Blick erkennen, dass sie doch einen enorm großen Einfluss auf unsere Fettverbrennung, unseren Hunger und unsere Gesundheit haben.

Stress ist eigentlich eine gute Sache. In Stresssituationen wird Cortisol ausgeschüttet, damit wir besonders wachsam sind, voller Energie, und schnell aus einer kritischen Situation entkommen können. Das Hormon Cortisol kurbelt die Fettverbrennung an, damit ausreichend Energie mobilisiert wird. Es erhöht außerdem die Neuproduktion von Glukose aus Aminosäuren (den Proteinbausteinen). Es verlangsamt den Verdauungsprozess und verdrängt jede Müdigkeit. Im Alltag unserer Vorfahren zählten zu den Stresssituationen beispielsweise Angriffe von wilden Tieren oder feindlichen Stämmen. Sobald eine solche Situation auftrat, wurden ihre Körper in null Komma nichts mit Cortisol geflutet, und sie hatten auf einen Schlag ausreichend Energie, um entweder kämpfen oder fliehen zu können. Sie entkamen der Bedrohung, ohne von irgendwelchen körperlichen Bedürfnissen beeinträchtigt zu werden (Toilettendrang,

Müdigkeit). Sobald die akute Gefahr vorüber war, sank ihr Cortisolspiegel wieder ab.

Heutzutage lauert der „Feind" an jeder Ecke. Uns stressen der Chef, der Berufsverkehr, Familienmitglieder und die allgegenwärtige, lautstark anbrandende Informationsflut unserer Zeit. Stress ist allgegenwärtig, und das Cortisol wird nie wirklich abgebaut, weil dazu gar keine Gelegenheit besteht. Ist der Cortisolspiegel zu lange erhöht, wird andauernd Glukose produziert – aus Aminosäuren, und das bedeutet: Unsere Proteinreserven in der Muskulatur nehmen ab. Nicht gut, denn die Muskulatur ist unser bester Partner bei der Fettverbrennung. Sie verbraucht Energie und verbrennt Fettsäuren. Wenn ständig neue Glukose hergestellt wird, steigt der Insulinspiegel und hemmt die Fettverbrennung. Obwohl das Cortisol kurzzeitig die Mobilisierung von in den Depots gespeichertem Fett fördert, erschwert oder verhindert ein Übermaß an Cortisol die Gewichtsabnahme.

Melatonin steuert unseren Tag-Nacht-Rhythmus. Ein hoher Melatoninspiegel verursacht Müdigkeit, wenn der Spiegel dann in den Morgenstunden wieder sinkt, werden wir wach. In unserer modernen Welt wird das natürliche Auf und Ab des Melatoninspiegels aber durcheinandergebracht. Denn solange helles Licht ins Auge fällt, wird kein Melatonin produziert. Erst in der Dämmerung, wenn das Licht langsam rötlicher wird, gelangt allmählich Melatonin in die Blutbahn. Allerdings bekommen unsere Augen kaum mehr eine natürliche Dämmerung mit: Sobald es etwas dunkler wird, schalten wir das Licht an. Wir sitzen bis kurz vor dem Schlafengehen vor dem Fernseher, dem Computer oder dem Smartphone. Das Licht dieser Bildschirme stoppt unsere natürliche Melatonin-Ausschüttung besonders effektiv. So passiert es, dass wir nach einem langen und anstrengenden Tag zwar absolut erschöpft sind, aber dann im Bett keinen Schlaf finden können. Obwohl wir uns körperlich sehr müde fühlen, dauert es noch einige Zeit, bis wir endlich einschlafen. Fatal ist es dann, wenn wir im Bett noch weiter TV-Serien schauen oder mit dem Handy herumtun, bis uns endlich die Augen zufallen.

Aufgrund des vielen hellen Lichts am Abend wird erst zu spät Melatonin freigesetzt. Das Hormon verbleibt eine gewisse Zeit im Blut, bis es wieder abgebaut wird. Da es abends jedoch zu spät ins Blut freigesetzt wurde, ist es morgens, wenn unser Wecker klingelt, noch nicht wieder abgebaut. Folge: Wir fühlen uns wie gerädert und müssen uns aus dem Bett zwingen. Erst durch genügend Tageslicht wird Melatonin wieder effektiv abgebaut.

## Abnehmen abseits des Tellers

Wie du bereits gelesen hast, ist ein ausreichend langer und erholsamer Schlaf enorm wichtig, damit die Fettverbrennung richtig funktioniert und kein Heißhunger aufkommt. Ich gebe dir hier noch einige Tipps, die dir das Abnehmen erleichtern:

### 1. Nimm abends Magnesium
Magnesium am Abend hilft beim Cortisolabbau und fördert einen regenerativen Schlaf. Verwende auf jeden Fall reines Magnesiumcitrat ohne Zusatzstoffe (Aromen und Süßungsmittel). Ebenfalls empfehlenswert sind warme Magnesiumbäder, da dein Körper den Mikronährstoff über die Haut noch viel besser aufnehmen kann. Sei am Anfang mit der Dosierung vorsichtig, da Magnesium im Übermaß abführend wirken kann. Steigere die Menge behutsam.

### 2. Meide blaues Licht am Abend
Ideal ist es, wenn du bereits zwei Stunden vor dem Schlafengehen auf Arbeit an einem Bildschirm und zu viel Smartphone-Gebrauch verzichtest. Wenn dir das nicht möglich ist, können dir folgende Tricks helfen: Viele Smartphones haben mittlerweile einen Night-Shift-Modus, bei dem der Bildschirm am Abend weniger bläulich leuchtet und weniger hell wird. Für PCs gibt es entsprechende kostenfreie Software (z. B. f.lux). Mithilfe bestimmter Glühbirnen kannst du abends das Licht in deinen Räumen auf eine wärmere Farbtemperatur bringen. Toll helfen auch spezielle Brillen, die kurzwelliges blaues Licht abblocken und nur langwelliges rotes Licht durchlassen. (Das langwellige rote Licht hat keine negative Wirkung auf die Melatoninausschüttung.)

### 3. Tank morgens Tageslicht
Während du abends die Melatoninproduktion fördern möchtest, wirst du morgens leichter fit, wenn du das Melatonin aus deinem Blut verscheuchst. Was abends schadet, ist morgens hilfreich: blaues Licht. Tanke Tageslicht, dreh die Beleuchtung voll auf und fördere so deinen natürlichen Tag-Nacht-Rhythmus.

### 4. Beweg dich täglich
Auch Bewegung am Morgen hilft, das Melatonin aus dem Blut zu vertreiben und schnell fit zu werden. Außerdem ist Bewegung ein Schlüssel zum Abbau von Cortisol. Wenn dein Alltag ohnehin eher stressig ist, achte darauf, nicht durch intensiven Leistungssport noch mehr Stress aufzubauen. Treibe lieber mit mittlerer Intensität einen Sport, der dich angenehm auspowert oder einfach nur Spaß macht.

### 5. Nimm dir Zeit für dich selbst
Leg immer wieder Ruhepausen ein. Du solltest jeden Tag eine gewisse Zeit ohne Arbeit, Fernseher, Smartphone & Co. verbringen. Genieß eine schöne Tasse heißen Tee, lies ein Buch oder taste dich an eine Form der Meditation heran. All das hilft dir, Stress loszulassen und den Abnehm-Hemmer Cortisol abzubauen.

# LEBENSMITTEL

---

# FÜR FOODPUNKS

---

Die richtigen Lebensmittel in der richtigen Kombination sind der Schlüssel für eine lang anhaltende Sättigung, hervorragende Fettverbrennung und eine Gewichtsabnahme ohne Hungerqualen. Welche Lebensmittel solltest du häufig verzehren und welche gehen gar nicht, weil sie deiner Gesundheit und Fitness schaden? In diesem Kapitel erfährst du, wie du das in der Theorie Gelernte in die Praxis umsetzt.

In deiner Foodpunk-Challenge gehst du auf Abstand zu industriell hergestellten Süchtigmachern. Du lernst, wie du aus naturbelassenen Komponenten wunderbar schmackhafte Speisen zubereiten kannst. Mit der Zeit wird dein Geschmacksempfinden immer feiner, und du lernst die Vielzahl natürlicher Aromen zu schätzen.

Bei der Foodpunk-Ernährung tankst du täglich wertvolle Nährstoffe und meidest die Lebensmittel, die dir Energie rauben. Du verzichtest auf Lebensmittel, die dein Wohlbefinden mindern und Unverträglichkeiten fördern können. Denn nur ein gesunder Körper lässt freiwillig unnötige Fettreserven los.

Hochwertige Lebensmittel sind die Basis: gutes Protein, wertvolles Fett, viel Gemüse.

# Kohlenhydratquellen

Bei der Foodpunk-Ernährung gibt es je nach Typ 30 bis 100 Gramm Kohlenhydrate pro Tag. Dabei setzen wir auf Lieferanten von Kohlenhydraten, die besonders langsam aufgespalten werden und den Körper somit langsam und stetig versorgen.

Aufgrund der genau durchdachten Zusammensetzung der Mahlzeiten muss niemand unter 30 Gramm Kohlenhydrate pro Tag gehen. Auf diese Weise ist dir eine sehr gute Versorgung mit Vitaminen und Mineralstoffen gesichert.

### Dies sind die erlaubten Kohlenhydratquellen:

**Gemüse:** Gemüse wird die Grundlage deiner Mahlzeiten bilden. Gemüse liefert dir Ballaststoffe, die du zu deiner Sättigung brauchst. Außerdem versorgt es dich mit Mikronährstoffen – also mit Vitaminen und Mineralstoffen, die für viele Funktionen unseres Körpers essenziell sind.

Vor allem grüne Gemüsesorten sind sehr kohlenhydratarm. Je bunter das Gemüse, desto mehr Kohlenhydrate enthält es in der Regel. In der ersten Phase („Boost Your Brain") mit sehr wenig Kohlenhydraten greifst du darum vor allem zu grünem Gemüse. In den Phasen 2 und 3 („Burn The Fat" und „Eat Clean") sind auch alle bunten Gemüsesorten erlaubt. Gemüse nimmt immer den meisten Platz auf deinem Teller ein.

**Stärkehaltige Gemüsesorten**: Einige Gemüsesorten gehören umgangssprachlich eher zu den „Sättigungsbeilagen" – beispielsweise Kartoffeln. In Phase 3 („Eat Clean") isst du 100 Gramm Kohlenhydrate am Tag, und dafür benötigst du etwas mehr als nur klassisches Gemüse. Erlaubt sind in dieser Phase kohlenhydratreichere Knollen wie Süßkartoffel, Kartoffel oder Kassave (Maniok). Sie liefern Energie und einige Kohlenhydrate, die wichtig für den Spiegel des Hormons Leptin sind. Verwende hiervon aber nur so viel, wie im Baukasten für Phase 3 angegeben.

**Obst:** Auch Obst wird dir in deiner Challenge begegnen – sieh es aber eher als das „Dessert von Mutter Natur". Obst enthält Fruchtzucker, den du nur in Maßen konsumieren solltest. Wenn du dich an die Obstmengen aus dem Baukasten und den Rezepten hältst, bist du auf der sicheren Seite. In Obst stecken keine Mikronährstoffe, die du nicht auch in Gemüse findest, es ist aber eine schmackhafte Leckerei, auf die du nicht zu verzichten brauchst.

# Proteinquellen

Die Foodpunk-Ernährung ist auf jeden Fall keine High-Protein-Ernährung. Die Verfechter einer solchen Ernährungsweise, wie man sie zum Beispiel im Fitness-Bodybuilding-Bereich oftmals antrifft, verzehren pro Tag häufig 150 Gramm, 200 Gramm oder gar noch mehr Protein. Die Rezepte in diesem Buch sind jedoch auf eine Proteinmenge von „nur" 80 Gramm pro Tag ausgerichtet. Die Foodpunk-Ernährung legt Wert auf eine ausreichende Proteinzufuhr. Eiweiß ist ein wichtiger Baustoff für Muskeln und andere Körperstrukturen. Es sollte aber kein Energielieferant sein, denn es ist ein schlechter Brennstoff. Der Eiweißüberschuss wird in Glukose umgewandelt und wie Kohlenhydrate verstoffwechselt. Mit der Menge, die dir in diesem Buch im Baukasten und in den Rezepten vorgegeben wird, bist du gut versorgt – es ist nicht zu viel und nicht zu wenig.

Bediene dich nicht für jede Mahlzeit beim selben Proteinlieferanten. Jede Proteinquelle enthält Aminosäuren in unterschiedlicher Zusammensetzung (Aminosäuren sind die Eiweißbausteine). Um einen guten Mix davon zu bekommen, solltest du Protein aus einer Vielzahl von Quellen zu dir nehmen.

**Fleisch und Geflügel:** Bei Fleisch hängt die Fettsäurezusammensetzung vor allem von der Tierhaltung ab. Fleisch von Tieren, die in Mastbetrieben mit Getreide vollgestopft werden, enthält besonders viel entzündungsfördernde Omega-6-Fettsäuren. In hochwertigem, gutem Fleisch von Weiderindern stecken dagegen entzündungshemmende Omega-3-Fettsäuren. Achte daher unbedingt auf die Herkunft und Haltung der Tiere, deren Fleisch du zu dir nimmst.

**Fisch und Meeresfrüchte:** Auch bei Fisch hat die Haltung, insbesondere das verwendete Futter, einen großen Einfluss auf die Fettsäurezusammensetzung. Iss Fisch aus nachhaltigem Wildfang oder bio-zertifizierten Aquakulturen. Rund zweimal die Woche sollte fetter Seefisch, wie Lachs oder Thunfisch, auf deinem Speiseplan stehen.

**Eier:** Eier sind eine wunderbare Proteinquelle und liefern gleichzeitig wertvolle Fettsäuren und Cholin. Die Behauptung, dass Eier den Cholesterinspiegel negativ beeinflussen, ist schon lange widerlegt. Ein zu hoher Cholesterinspiegel hängt vielmehr mit einem ungesunden Stoffwechsel und zu zahlreichen Entzündungsreaktionen zusammen, die durch ein Zuviel an schnellen Kohlenhydraten begünstigt werden. Iss Bio-Eier von glücklichen Hühnern, die Gräser und Würmer auf der Wiese picken dürfen.

**Milchprodukte:** Zwar sind Milchprodukte auch nützliche Proteinlieferanten, doch sie wirken anders auf uns als Fleisch, Geflügel, Fisch und Eier. Milchprodukte erhöhen den Insulinspiegel stärker als die anderen genannten Proteinquellen. Oftmals nimmt man unter Verzicht auf Milchprodukte leichter ab. Wenn du besonders effektiv abnehmen möchtest, lass in den ersten 30 Tagen die Milchprodukte weg. Insbesondere für Vegetarier und für all diejenigen, die es etwas lockerer sehen, habe ich in den Rezepten auch Milchprodukte als Proteinquellen angegeben. Achte darauf, dass die Milch von Weidetieren stammt. Im deutschen Handel heißt sie dann meist „Weidemilch" oder „Wiesenmilch".

**Proteinpulver:** In meinen Rezepten setze ich hier und da Proteinpulver ein. Hintergrund ist, dass nicht jeder Mensch gerne zu jeder Mahlzeit Fleisch, Fisch, Eier & Co. essen möchte. Bei Proteinpulvern handelt es sich ganz klar nicht um klassische Nahrungsmittel, sondern um sinnvolle Ergänzungen, wenn man seinen Proteinbedarf anders nicht decken kann. Proteinpulver aus dem Fitness- und Bodybuilding-Bereich in großen Kanistern, mit vielen Aromen und Zusatzstoffen sind auf jeden Fall ein absolutes No-Go. Es gibt nur wenige Proteinpulver, die in meinen Augen in Ordnung sind. Dabei gilt immer: Es darf kein Süßstoff zugesetzt sein, keine Aromastoffe und kein Extra-Zucker. Proteinpulver sollten immer rein sein. Ihren Geschmack gewinnen sie durch die Kombination mit anderen Lebensmitteln, zum Beispiel durch Obst. Du selbst solltest nie Proteinpulver der Sorten Cookie Dough, Double Chocolate & Co. kaufen.

Zwei nicht vegane Proteinpulver, die zur Foodpunk-Ernährung passen, sind natürliches Collagen-Protein und Whey Protein (Molkenprotein) – beides von Weiderindern. Collagen enthält Aminosäuren, die für ein straffes Bindegewebe wichtig sind. Das Molkenprotein hat einen milchigen Geschmack. Wenn du in den ersten 30 Tagen deiner Foodpunk-Challenge Milchprodukte meidest, dann mach auch um Molkenprotein einen Bogen. Collagen-Protein ist auch in den ersten 30 Tagen kein Problem. Beides findest du vor allem online.

**Vegane Proteinquellen:** Soja ist in der Foodpunk-Ernährung ein No-Go, darum sind auch Sojazubereitungen wie Tofu und Tempeh raus. Seitan ist pures Gluten und damit ebenso ein No-Go. Für eine 100-prozentige Gesundheit empfehle ich dir, hin und wieder tierische Lebensmittel in deine Ernährung einzubauen. Aber ich habe Respekt vor der Entscheidung, aus ethischen Gründen auf tierische Produkte zu verzichten. Darum stelle ich in diesem Buch auch vegane Rezepte zur Wahl. In diesen Fällen dienen vegane Proteinpulver als Proteinquellen. Hier gelten dieselben Grundsätze wie oben beschrieben. Infrage kommende vegane Proteinpulver sind beispielsweise Reisprotein, Hanfprotein, Cranberry-Protein, Kürbiskernprotein, Sonnenblumenprotein oder Mandelprotein. Das Protein aus Samen und Nüssen ist der sogenannte Presskuchen, der bei der Herstellung von Öl (z. B. Kürbiskernöl) bei der Pressung übrigbleibt. Dieser Presskuchen ist sehr proteinreich und fettarm und wird zu einem Pulver fein vermahlen. Du findest diese

Proteine daher auch unter Namen wie „entöltes Mandelmehl" & Co.

# Fettquellen

In der Foodpunk-Ernährung dient hochwertiges Fett als wichtigste Energiequelle. Es liefert die Energie, die du für deinen Alltag und alle Körperfunktionen benötigst. Nur mit ausreichend Energie aus guten Fettsäuren verfällt der Stoffwechsel nicht in einen Hunger-Modus. Gutes Fett auf deinem Teller macht dich lange satt, fördert die Fettverbrennung und verhindert langfristig den berüchtigten Jo-Jo-Effekt.

**Öle und Fette:** Hochwertige Fettsäuren sind perfekte Energiespender. Du findest sie in Butter, Butterschmalz und Kokosöl. Achte bei Fett aus Milchprodukten, also Butter oder Butterschmalz (wie auch beim Fleisch), darauf, dass es sich um Milch von Tieren aus Weidehaltung handelt.

Auch Olivenöl und Avocadoöl sind tolle Fettquellen. Du solltest diese Öle aber nicht erhitzen – ebensowenig wie Walnuss- und Kürbiskernöl sowie andere Nuss- und Samen-Öle, die du in Maßen für deine Salat-Dressings verwenden kannst.

Eine besondere Fettquelle ist sogenanntes MCT-Öl, das aus Kokosöl gewonnen wird. Es enthält spezielle (mittelkettige) Fettsäuren, die die Wärmebildung anregen. Über die Bildung von Ketonkörpern fördert es gleichzeitig die Sättigung und die Energieversorgung des Gehirns. Verwende anfangs pro Tag nicht mehr als 10 bis 15 Gramm, da es zunächst abführend wirken kann. MCT-Öl gibt es online bei diversen Anbietern.

Rapsöl, Sojaöl, Distelöl und Margarine haben eine ungünstige Fettsäurezusammensetzung.

Sie enthalten recht viele Omega-6-Fettsäuren, die entzündungsfördernd wirken. Da Übergewicht auch stark durch Entzündungsprozesse im Körper beeinflusst werden kann, solltest du diese Fettquellen auf jeden Fall meiden.

**Nüsse, Samen:** Nüsse, Samen und Avocados ergeben tolle Toppings für Salate und andere Gerichte. Nüsse und Samen sind allerdings ziemlich reich an Omega-6-Fettsäuren. Genauso wie die Öle daraus solltest du Nüsse und Samen nicht im Übermaß konsumieren. Avocados dagegen haben eine sehr vorteilhafte Fettsäurezusammensetzung und können zu einem der Haupt-Fettlieferanten in deiner Ernährung werden.

## Zuckeralternativen

Als Süßungsmittel sind die Zuckeralkohole Erythrit und Birkenzucker erlaubt. Birkenzucker wird auch Xylit genannt, dazu darfst du ab Phase 2 greifen, Erythrit kannst du schon in Phase 1 einsetzen. Zuckeralkohole schmecken leicht kühl, nicht erschrecken! Birkenzucker wirkt positiv auf die Zahnhygiene und die Knochengesundheit.

## Getränke

Pro Tag solltest du zwei Liter Flüssigkeit zu dir nehmen. Davon sind bis zu drei Tassen koffeinhaltige Getränke in Ordnung, wie Kaffee, grüner oder schwarzer Tee. Wasser kannst du pur trinken oder es mit einem Spritzer Limetten- oder Zitronensaft aufpeppen.

## Absolute No-Gos

Ganz von deinem Speiseplan streichen solltest du zuallererst sämtliche industriell gefertigten Nahrungsmittel. Ebenso hat Zucker keinen Platz in einer gesunden Ernährung. Um Zucker und alle anderen glukose- und fruktosehaltigen Süßungsmittel solltest du stets einen großen Bogen machen. Dazu gehören Honig, Agavendicksaft und Ahornsirup. Sie alle lassen den Glukose- und den Insulinspiegel schnell ansteigen und fördern Heißhunger.

Auch chemische Süßstoffe wie Aspartam, Acesulfam-K und Sucralose gehen gar nicht, da sie deine körpereigenen Sättigungsmechanismen austricksen.

Um deine natürlichen Hunger- und Sättigungsmechanismen wiederzuerwecken, streich bitte auch Getreide und Hülsenfrüchte von deinem Speisezettel. Getreideprodukte liefern schnell verfügbare Kohlenhydrate. Die in der Schale von Vollkorn und Hülsenfrüchten enthaltenen sogenannten antinutritiven Stoffe, wie Lektine und Phytinsäure, stören oder verhindern gar die Aufnahme von Mikronährstoffen und ziehen möglicherweise deinen Darm in Mitleidenschaft. Dies kann Entzündungsprozesse begünstigen wie auch zu Nahrungsmittelunverträglichkeiten führen und deine Gewichtsabnahme stark erschweren. Vor allem Sojaprodukte solltest du wegen ihrer ungünstigen Wirkung auf körpereigene Hormone unbedingt meiden.

| | Do's | Don'ts |
|---|---|---|
| **Proteinquellen** | • Fleisch & Geflügel aus artgerechter (Bio-)Haltung<br>• Rindfleisch aus Weidehaltung<br>• Fisch aus Bio-Aquakultur oder Wildfang<br>• Bio-Eier<br>• Vollfette Milchprodukte<br>• Milchprodukte aus Bio-Milch oder Weidemilch<br>• Molkenproteinpulver aus Weidemilch<br>• Collagen-Proteinpulver von Weidekühen<br>• Vegane Proteinpulver ohne Soja (z. B. Kürbiskern-, Hanf-, Mandelprotein) | • Konventionell erzeugtes Fleisch aus Mastbetrieben<br>• Rindfleisch aus Getreidemast<br>• Fisch aus konventioneller Aquakultur<br>• Eier aus Boden- oder Käfighaltung<br>• Fettarme Milchprodukte<br>• Milchprodukte zum Super-günstig-Preis von gequälten Hochleistungskühen<br>• Proteinpulver mit Aroma- und Süßstoffen wie Acesulfam-K, Aspartam<br>• Proteinpulver mit Soja |
| **Kohlenhydratquellen** | • Obst & Gemüse<br>• Süßkartoffeln, Kartoffeln (nur in Phase 3) | • Getreide<br>• Hülsenfrüchte (auch Soja) |
| **Fettquellen** | • Butter (aus Weidemilch: „Weidebutter")<br>• Butterschmalz (auch „Ghee" genannt, aus Weidebutter)<br>• Kokosöl<br>• Nüsse & Samen<br>• Avocados & Avocadoöl<br>• Kaltgepresstes natives Olivenöl (für Salate)<br>• MCT-Öl<br>• Walnussöl, Kürbiskernöl und andere Nuss- und Samenöle in Maßen (max. 1 EL pro Tag) | • Rapsöl<br>• Sojaöl<br>• Distelöl<br>• Margarine |
| **Gewürze** | • Frische und getrocknete Kräuter<br>• Hochwertiges Salz (Himalajasalz, Fleur de Sel, schwarzes Salz, Meersalz, Ursalz)<br>• Pfeffer, Chili, Cayenne, Kurkuma … | • Klassisches Speisesalz<br>• Gewürzmischungen mit Maltodextrin<br>• Gewürzsoßen mit Zusatzstoffen |
| **Zum Süßen** | • Erythrit<br>• Birkenzucker (Xylit) (ab Phase 2)<br>• Steviablätter<br>• Steviaextrakt (pur) | • Zucker<br>• Honig<br>• Reissirup<br>• Agavendicksaft<br>• Ahornsirup<br>• Aspartam<br>• Acesulfam-K<br>• Sucralose<br>• Cyclamat<br>• Saccharin<br>• Stevia mit Maltodextrin<br>• Stevia mit Alkohol |
| **Getränke** | • Wasser mit oder ohne Kohlensäure<br>• Kaffee<br>• Kräutertees<br>• Gewürztees<br>• Grüner Tee<br>• Schwarzer Tee<br>• Mate<br>• Matcha (pur)<br>• Aromatisiertes Wasser mit etwas frischer Minze, Ingwer, Gurkenscheiben, Zitronen- oder Limettensaft | • Softdrinks<br>• Light-Getränke<br>• Alkohol<br>• Fruchtsäfte<br>• Fruchtsaftschorlen<br>• Milch<br>• Sojamilch<br>• Buttermilch<br>• Smoothies<br>• Eistees<br>• Gesüßte Tees<br>• Früchtetees<br>• Aromatisierte Tees |

# DIE 3 PHASEN

---

# IN DER ÜBERSICHT

---

Eine gesunde kohlenhydratreduzierte Ernährung ist ein sehr guter
Weg, um eine schnelle und langfristige Gewichtsreduktion zu erreichen. Wie viele Kohlenhydrate jemand genau benötigt, ist von
Mensch zu Mensch unterschiedlich. In diesem Kapitel wirst du den
Typ-Test machen und herausfinden, welche Kohlenhydratmenge
für dich wann und wie lange ideal ist. Halte dich nun mindestens
30 Tage an deinen individuellen Fahrplan. Diese 30 Tage sind deine
persönliche Foodpunk-Challenge. Startest du mit Phase 1, 2 oder 3?
Hier erfährst du erst einmal, was die einzelnen Phasen bedeuten.

# Phase 1 – Boost Your Brain

In Phase 1 verzehrst du 30 Gramm Kohlenhydrate pro Tag. Die Rezepte aus dieser Phase und der Baukasten in dieser Phase basieren auf der sogenannten ketogenen Ernährung. Das ist eine „Ultra-Low-Carb"-Ernährung, die nicht an gesunden Fetten spart. Du wirst im Baukasten und in den Rezepten sehen, welch enorme Bedeutung gute Fette für deine Low-Carb-Ernährung haben. Sie halten dich lange satt und verhindern Heißhungerattacken.

Die ketogene Ernährung in Phase 1 steht ganz im Zeichen des Gehirnstoffwechsels. In dieser Phase trainierst du die Ketonkörper-Produktion deines Körpers. Dein Gehirn lernt, aus Ketonkörpern Energie zu gewinnen. Diese Ketonkörper dämpfen das Hungergefühl, und „in Ketose" läuft deine Fettverbrennung auf Hochtouren. Wenn du „in Ketose" bist, schwimmen in deinem Blut jede Menge Ketonkörper, also „Hirnfutter".

Hör auf deinen Körper: Wenn du zum ersten Mal ketogen isst, ist das eine große Umstellung für deinen Organismus. In den ersten Tagen können sich deshalb bei dir Kopfweh und leichter Schwindel bemerkbar machen. Spätestens am vierten Tag sollte das vorbei sein, ab dann wirst du fitter und fitter.

Um deinem Körper die Umstellung zu erleichtern, trink viel Wasser, salz dein Essen gut und gib auch immer mal wieder eine Prise Salz in dein Trinkwasser. Denn die Nieren scheiden bei einer sehr kohlenhydratarmen Ernährung mehr Salz aus als sonst, weshalb dein Blutdruck vielleicht etwas „herunterfährt". Wenn du auch nach sieben Tagen noch starkes Kopfweh und starken Schwindel verspürst, wechsle bitte aus Phase 1 in Phase 2 oder 3.

# Phase 2 – Burn The Fat

Phase 2 bedeutet ein lang anhaltendes Fettstoffwechseltraining. Mit 50 Gramm Kohlenhydraten pro Tag ist diese Phase klassisches Low Carb. Die niedrige Kohlenhydratmenge bewirkt eine optimale Fettverbrennung, das ausgewogene Verhältnis von Insulin und Glukagon nach einer Mahlzeit hält lange satt. Gleichzeitig unterstützt die etwas höhere Kohlenhydratmenge sportliche Aktivität und die Bildung des Hormons Leptin. Je nachdem, welcher Typ du bist, kannst du diese Phase an den Beginn deiner Foodpunk-Challenge setzen oder sie mittendrin einbauen.

# Phase 3 – Eat Clean

In Phase 3 erhält dein Körper 100 Gramm Kohlenhydrate aus gesunder, möglichst unverarbeiteter Nahrung – „Clean Eating" eben! Je nach deinem Typ unterstützt die etwas höhere Kohlenhydrataufnahme deine sportliche Aktivität und fördert die Bildung des sättigenden Hormons Leptin (siehe S. 17).

Wusstest du, dass der Durchschnittsdeutsche pro Tag 300–400 Gramm Kohlenhydrate verzehrt? Demnach ist auch Phase 3 mit ihren 100 Gramm Kohlenhydraten im Vergleich zu der Ernährung von „Otto Normalverbraucher" noch deutlich kohlenhydratreduziert.

# Das Foodpunk-Baukastensystem

Der Baukasten ist dein wichtigster Begleiter in deiner Challenge. Er zeigt dir, welche Lebensmittel du in welchen Mengen für eine Mahlzeit benötigst. Werde kreativ und stell dir deine Gerichte ganz nach eigenem Geschmack zusammen. Du kannst die Zutaten anbraten (wähle dazu eine Fettquelle zum Braten), du kannst sie kochen, dünsten oder in den Backofen schieben. Ganz nach deinem Gusto.

Verwende die vielen abwechslungsreichen Rezepte aus diesem Buch als Inspiration und vereinfache und verschönere dir damit deine Low-Carb-Reise.

## Hinweise zum Baukastensystem

Sieh den Baukasten als Erleichterung für die Zubereitung deiner täglichen Mahlzeiten. Greif nicht jeden Tag zu denselben Lebensmitteln, sondern sorg für Abwechslung! Nimm beispielsweise als Proteinquelle an einem Tag Eier, an einem anderen Tag Geflügel oder ein Milchprodukt. Betrachte das Proteinpulver nur als Option, wenn es sehr schnell gehen muss oder du eine vegane Proteinquelle benötigst. Es sollte aber nicht zu deinem Haupt-Proteinlieferanten werden.

Unter dem Baukasten für eine Mahlzeit findest du immer die Angabe dazu, wie die ideale Verteilung von Protein, Kohlenhydraten und Fett aussieht. Wenn du es sehr genau nehmen möchtest, kannst du deine Mahlzeiten auf der Grundlage dieser Nährwerte zusammenstellen. Mach das aber bitte nur, wenn du bereits Übung darin besitzt, mithilfe einer Nährwert-App oder einer Website dein tägliches Ernährungstagebuch zu führen oder wenn du bereits einige Wochen einer Foodpunk-Challenge absolviert und mit dem Einkaufen und Planen schon Erfahrung hast.

**Mach dir die Ernährungsumstellung am Anfang so einfach wie möglich!**

Gerade am Anfang ist es viel wichtiger, die richtigen Lebensmittel im richtigen Verhältnis zu essen, als die Nährwerte grammgenau einzuhalten. Mach dir keinen Stress damit und mach Gebrauch von der Freiheit des Baukastensystems. Wenn dir deine Körperwaage einen Stillstand anzeigt, kannst du immer noch die exaktere Variante wählen, um wieder in die richtige Spur zu kommen.

Die Rezepte in diesem Buch richten sich genau nach den angegebenen Nährwerten. Ich habe sie nicht auf der Basis des Baukastens zusammengestellt, sondern exakt berechnet – auf Basis der benötigten Menge an Protein, Kohlenhydraten und Fett. Wundere dich daher nicht, wenn im Baukasten irgendwo zum Beispiel als Fettquelle 80 Gramm Avocado angegeben sind und in einem Rezept aus Phase 1 eine andere Menge. Denn ich habe in dem Rezept auch das Fett aus Ei, Fleisch & Co. miteingerechnet.

Mit diesem Buch hast du insgesamt 125 leckere, exakt berechnete Rezepte zur Verfügung – 39 für die Phase 1, 35 für die Phase 2, 37 für die Phase 3 sowie 14 Desserts.

Übrigens findest du auf www.foodpunk.de/typgerecht eine Tabelle, die genau auflistet, welches Lebensmittel du in exakt welcher Menge im Baukasten verwenden kannst. Das ist sozusagen die „Profi-Variante" des Baukastens – und noch genauer. Statt „150 Gramm grünes Gemüse" siehst du dort die exakte Menge einer bestimmten Gemüsesorte – denn jedes Gemüse hat natürlich einen etwas anderen Kohlenhydratgehalt.

Aber wie gesagt, solange du am Anfang stehst, ist es bereits ein großer Schritt, wenn du es schaffst, Getreide, Zucker & Co. aus deiner Ernährung zu verbannen. Du wirst schon allein mit dem Verzehr echter Lebensmittel in der richtigen Kombination großen Erfolg verbuchen können. Steig erst dann auf die genauere Variante um, wenn die Waage stillsteht oder du eine neue Herausforderung suchst.

## Dein Baukasten für Phase 1

In **Phase 1** landen viele kohlenhydratarme Gemüsesorten auf deinem Teller. Außerdem bekommst du etwas kohlenhydratarmes Obst, beispielsweise Beeren. Dazu gesellen sich angemessene Portionen Fett und Protein.

**Getränke in Phase 1:** Du kannst über den ganzen Tag verteilt den Saft einer Zitrone in dein Wasser geben.

**Sport in Phase 1:** Mach Sport mit niedriger bis mittlerer Intensität. Gib deinem Körper Zeit für die Umstellung und verzichte auf Krafttraining mit hoher Intensität und schweren Gewichten. Ideal in dieser Phase sind Spaziergänge, moderater Ausdauersport oder leichtes Krafttraining.

### Für ein Frühstück oder eine Zwischenmahlzeit (an Sporttagen) in Phase 1

| Kohlenhydratquelle | • 150 g grünes Gemüse<br>• 50 g Beeren | | Wähle 1 Option aus dieser Kategorie |
|---|---|---|---|
| Proteinquelle | • 2 Eier<br>• 15 g Proteinpulver<br>• 125 g griechischer Joghurt | • 75 g Sahnequark<br>• 50 g Geflügel<br>• 50 g Fleisch<br>• 50 g Fisch | Wähle 1 Option aus dieser Kategorie |
| Fettquelle | • 100 g Kokosmilch<br>• 80 g Avocado<br>• 20 g Kokosöl | • 20 g Butter<br>• 20 ml MCT-Öl<br>• 25 g Nüsse | Wähle 1 Option aus dieser Kategorie |

Wenn du ein Ernährungstagebuch führst und die Nährwerte mitberechnest, achte in Phase 1 auf 6 g Kohlenhydrate, 16 g Protein und 26 g Fett pro Frühstück oder Zwischenmahlzeit.

### Für ein Mittagessen oder ein Abendessen in Phase 1

| Kohlenhydratquelle | • 150 g grünes Gemüse<br>• 50 g Beeren | | Wähle 2 Optionen aus dieser Kategorie (Gemüse und Beeren oder 2 Sorten Gemüse) |
|---|---|---|---|
| Proteinquelle | • 4 Eier<br>• 30 g Proteinpulver<br>• 100 g Geflügel | • 100 g Fleisch<br>• 100 g Fisch<br>• 130 g Käse | Wähle 1 Option aus dieser Kategorie |
| Fettquelle | • 100 g Kokosmilch<br>• 80 g Avocado<br>• 20 g Kokosöl | • 20 g Butter<br>• 20 ml MCT-Öl<br>• 25 g Nüsse | Wähle 2 Optionen aus dieser Kategorie |

Wenn du ein Ernährungstagebuch führst und die Nährwerte mitberechnest, achte in Phase 1 auf 12 g Kohlenhydrate, 32 g Protein und 52 g Fett für ein Mittag- oder Abendessen.

## Dein Baukasten für Phase 2

Phase 2 liefert dir 50 Gramm Kohlenhydrate pro Tag. Darum gibt es in Phase 2 mehr Obst und Gemüse als in Phase 1. Die Proteinmenge bleibt gleich, die Fettmenge wird geringer.

**Getränke in Phase 2:** Du kannst über den ganzen Tag verteilt den Saft von zwei Zitronen in dein Wasser geben.

**Sport in Phase 2:** Intensives Krafttraining wird dir jetzt leichter fallen als in Phase 1. Dennoch ist es eine Umstellung für deinen Körper – übertreib also nicht. Wenn du bereits trainiert bist, kannst du wieder voll ins Training einsteigen.

### Für ein Frühstück oder eine Zwischenmahlzeit (an Sporttagen) in Phase 2

| Kohlenhydratquelle | • 250 g grünes Gemüse<br>• 80 g Beeren<br>• 50 g anderes Obst (außer Banane und Trockenobst) | | Wähle 1 Option aus dieser Kategorie |
|---|---|---|---|
| Proteinquelle | • 2 Eier<br>• 15 g Protein-pulver<br>• 125 g griechischer Joghurt | • 75 g Sahne-quark<br>• 50 g Geflügel<br>• 50 g Fleisch<br>• 50 g Fisch | Wähle 1 Option aus dieser Kategorie |
| Fettquelle | • 80 g Kokos-milch<br>• 60 g Avocado<br>• 15 g Kokosöl | • 15 g Butter<br>• 15 ml MCT-Öl<br>• 20 g Nüsse | Wähle 1 Option aus dieser Kategorie |

Wenn du ein Ernährungstagebuch führst und die Nährwerte mitberechnest, achte in Phase 2 auf 10 g Kohlenhydrate, 16 g Protein und 24 g Fett pro Frühstück oder Zwischenmahlzeit.

### Für ein Mittagessen oder ein Abendessen in Phase 2

| Kohlenhydratquelle | • 250 g grünes Gemüse<br>• 80 g Beeren<br>• 50 g anderes Obst (außer Banane und Trockenobst) | | Wähle 2 Optionen aus dieser Kategorie (Gemüse und Beeren bzw. anderes Obst oder 2 Sorten Gemüse) |
|---|---|---|---|
| Proteinquelle | • 4 Eier<br>• 30 g Protein-pulver<br>• 100 g Geflügel | • 100 g Fleisch<br>• 100 g Fisch<br>• 130 g Käse | Wähle 1 Option aus dieser Kategorie |
| Fettquelle | • 80 g Kokos-milch<br>• 60 g Avocado<br>• 15 g Kokosöl | • 15 g Butter<br>• 15 ml MCT-Öl<br>• 20 g Nüsse | Wähle 2 Optionen aus dieser Kategorie |

Wenn du ein Ernährungstagebuch führst und die Nährwerte mitberechnest, achte in Phase 2 auf 20 g Kohlenhydrate, 32 g Protein und 48 g Fett für ein Mittag- oder Abendessen.

## Dein Baukasten für Phase 3

In Phase 3 wird die Kohlenhydratmenge auf 100 Gramm pro Tag gesteigert. Dein Mittag- oder Abendessen besteht in Phase 3 daher aus vier Komponenten: Kohlenhydrate aus Gemüse oder Obst, Kohlenhydrate aus einer stärkehaltigen Quelle, Protein und Fett.

**Getränke in Phase 3:** Du kannst über den ganzen Tag verteilt den Saft von drei Zitronen in dein Wasser geben.

**Sport in Phase 3:** Krafttraining oder High-Intensity-Intervall-Training? In Phase 3 alles kein Problem!

### Für ein Frühstück oder eine Zwischenmahlzeit (an Sporttagen) in Phase 3

| Kohlenhydratquelle | • 250 g grünes Gemüse<br>• 80 g Beeren<br>• 50 g anderes Obst<br>• 30 g Banane oder Trockenobst | | Wähle 2 Optionen aus dieser Kategorie (Gemüse und Beeren bzw. anderes Obst oder 2 Sorten Gemüse) |
|---|---|---|---|
| Proteinquelle | • 2 Eier<br>• 15 g Protein-pulver<br>• 125 g griechi-scher Joghurt | • 75 g Sahne-quark<br>• 50 g Geflügel<br>• 50 g Fleisch<br>• 50 g Fisch | Wähle 1 Option aus dieser Kategorie |
| Fettquelle | • 50 g Kokos-milch<br>• 35 g Avocado<br>• 10 g Kokosöl | • 10 g Butter<br>• 10 ml MCT-Öl<br>• 10 g Nüsse | Wähle 1 Option aus dieser Kategorie |

Wenn du ein Ernährungstagebuch führst und die Nährwerte mitberechnest, achte in Phase 3 auf 20 g Kohlenhydrate, 16 g Protein und 20 g Fett pro Frühstück oder Zwischenmahlzeit.

### Für ein Mittagessen oder ein Abendessen in Phase 3

| Kohlenhydratquelle Gemüse oder Obst | • 250 g grünes Gemüse<br>• 80 g Beeren<br>• 50 g anderes Obst (außer Banane und Trockenobst) | | Wähle 2 Optionen aus dieser Kategorie (Gemüse und Beeren bzw. anderes Obst oder 2 Sorten Gemüse) |
|---|---|---|---|
| Stärkehaltige Koh-lenhydratquelle | • 150 g Süßkartoffel<br>• 150 g Kartoffel<br>• 150 g Banane | | Wähle 1 Option aus dieser Kategorie |
| Proteinquelle | • 4 Eier<br>• 30 g Protein-pulver<br>• 100 g Geflügel | • 100 g Fleisch<br>• 100 g Fisch<br>• 130 g Käse | Wähle 1 Option aus dieser Kategorie |
| Fettquelle | • 50 g Kokosmilch<br>• 35 g Avocado<br>• 10 g Kokosöl | • 10 g Butter<br>• 10 ml MCT-Öl<br>• 10 g Nüsse | Wähle 2 Optionen aus dieser Kategorie |

Wenn du ein Ernährungstagebuch führst und die Nährwerte mitberechnest, achte in Phase 3 auf 40 g Kohlenhydrate, 32 g Protein und 40 g Fett für ein Mittag- oder Abendessen.

# Test: Welcher Typ bist du?

| Wie viel Gewicht möchtest du abnehmen? | |
|---|---|
| 2–5 kg | A |
| 5–10 kg | B |
| 10–20 kg | C |
| mehr als 20 kg | D |

| Hast du dich in der Vergangenheit bereits kohlenhydratarm ernährt? | |
|---|---|
| Ja, unter 50 g Kohlenhydrate | A |
| Ja, unter 100 g Kohlenhydrate | B |
| Ja, aber ich habe nicht gezählt | C |
| Nein | D |

| Machst du regelmäßig Sport? | |
|---|---|
| Ja, regelmäßig 4- bis 7-mal pro Woche | A |
| Ja, regelmäßig 1- bis 3-mal pro Woche | B |
| Ja, aber nur sporadisch | C |
| Nein | D |

| Wie alt bist du? | |
|---|---|
| 18–30 | A |
| 31–44 | B |
| 45–55 | C |
| > 55 | D |

| Wie hoch ist dein Körperfettanteil? (wenn bekannt) | |
|---|---|
| < 8 % (Männer) / < 21 % (Frauen) | A |
| 8–20 % (Männer) / 21–33 % (Frauen) | B |
| 21–25 % (Männer) / 34–39 % (Frauen) | C |
| > 25 % (Männer) / > 39 % (Frauen) | D |

| Wie hoch ist dein BMI? Formel: $\dfrac{\text{Körpergewicht in kg}}{\text{Körpergröße in m}^2}$ | |
|---|---|
| 19–25 | A |
| 26–30 | B |
| 31–35 | C |
| > 35 | D |

| Wie sieht es mit dem Aktivitätslevel deines Berufs aus? | |
|---|---|
| Körperlich anstrengend | A |
| Vorwiegend in Bewegung | B |
| Vorwiegend stehend | C |
| Vorwiegend sitzend | D |

## Wie schnell nimmst du zu?

| | |
|---|---|
| Eher langsam | A |
| Normal, denke ich ... | B |
| Eher schnell | C |
| Ich muss einen Keks nur ansehen ... | D |

## Wo setzt dein Körper am leichtesten Fett an?

| | |
|---|---|
| Ganz gleichmäßig am ganzen Körper | A |
| An den Hüften und am Oberkörper (Sanduhr) | B |
| An den Hüften, weniger am Oberkörper (Birne) | C |
| Vor allem am Bauch (Apfel) | D |

## Bekommst du ausreichend Schlaf?

| | |
|---|---|
| Eigentlich schlafe ich immer zu wenig. | E |
| 3–4 Nächte pro Woche zu wenig | F |
| 1–2 Nächte pro Woche zu wenig | G |
| Ich schlafe immer ausreichend. | H |

## Fühlst du dich gestresst?

| | |
|---|---|
| Ja, immer | E |
| Leider recht häufig | F |
| Eher selten | G |
| Nein, ich bin immer entspannt. | H |

## Arbeitest du im Schichtdienst?

| | |
|---|---|
| Ja, ich arbeite abwechselnd tagsüber und nachts. | E |
| Ja, ich arbeite immer Nachtschichten. | F |
| Nein, aber mein Arbeitstag beginnt sehr früh. | G |
| Nein, ich hab einen typischen 9–5-Job. | H |

## Hast du Stimmungsschwankungen?

| | |
|---|---|
| Nein, ich bin eher ausgeglichen. | E |
| Manchmal zicke ich andere an. | F |
| Manchmal weine ich grundlos. | G |
| Ich fühle mich oft niedergeschlagen. | H |

# Auswertung des Tests

Sieh dir deine Antworten an und zähle, wie oft du jeweils A, B, C oder D gewählt hast. Der Buchstabe, den du am häufigsten angekreuzt hast, bezeichnet deinen Typ.

A = _____

B = _____

C = _____

D = _____

Ich bin Typ: _____

Sieh dir deine Antworten an und zähle, wie oft du jeweils E, F, G oder H gewählt hast. Der Buchstabe, den du am häufigsten angekreuzt hast, bezeichnet deinen Untertyp.

E = _____

F = _____

G = _____

H = _____

Ich bin Untertyp: _____

## Typ A

Du möchtest wahrscheinlich nicht besonders viel Gewicht verlieren oder gehörst zu den Menschen, die sich viel bewegen. Daher musst du die Kohlenhydratmenge nicht so stark herunterschrauben. Der Fokus deiner individuellen Challenge wird folglich auf Phase 3 – „Eat Clean" liegen. Da du nicht viele Kilos „herunterbekommen" möchtest, hast du dein Ziel wahrscheinlich schon nach einer Runde der Challenge erreicht – also nach 30 Tagen.

## Typ B

Du bist vermutlich ein bisschen aktiv und willst schon ein paar Kilos loswerden. In ein, zwei Runden der Challenge kannst du bis zu zehn Kilo abwerfen – also in 1-mal oder 2-mal 30 Tagen. In dieser Zeit liegt der Fokus auf Phase 2 – „Burn The Fat". Dies ist eine klassische Low-Carb-Ernährung und der perfekte Mittelweg für dich.

## Typ C

Wahrscheinlich bewegst du dich eher wenig und möchtest deutlich abnehmen. Dir ist es wichtig, jetzt die Bremse zu ziehen, um in den kommenden Jahren nicht schleichend weiter zuzunehmen. Wir legen bei dir den Fokus auf Phase 1 – „Boost Your Brain". Diese Phase kannst du auf jeden Fall über zwei Runden – also 2 x 30 Tage – durchziehen.

## Typ D

Sport war wahrscheinlich noch nie deine Leidenschaft. Dein Beruf findet vermutlich wohl auch eher im Sitzen statt, und du solltest dringend eine größere Menge Gewicht abnehmen. Die ketogene Ernährung, das heißt, eine Ultra-Low-Carb-Ernährung, wirkt vor allem bei stark übergewichtigen Menschen äußerst effektiv. Wir legen bei dir den Fokus auf Phase 1 – „Boost Your Brain".

## Startklar für die Zielrunde

In den ersten 30 Tagen, also in deiner ersten Challenge nach dem Fahrplan, schaffst du dir die gute Grundlage für einen nachhaltigen Gewichtsverlust. Wahrscheinlich wirst du in der ersten Runde noch nicht gleich das gesamte Gewicht verlieren, das du loswerden möchtest. Du kannst darum bei Bedarf bis zu drei Challenges – also 3 Runden à 30 Tage – hintereinander absolvieren. Orientiere dich dazu einfach an deinem individuellen Fahrplan (siehe S. 40).

## Die Untertypen

Mit den Untertypen E, F, G und H habe ich deine individuelle Situation in Bezug auf Stress abgefragt. Schlaf, Stress, anstrengende Arbeitszeiten und deine Stimmungslage bestimmen mit, wie viele Kohlenhydrate du gut tolerierst und wie häufig du eine sehr kohlenhydratarme Phase durchbrechen solltest. Menschen, die oft niedergeschlagen sind, fühlen sich bei einer sehr kohlenhydratarmen Ernährung häufig besser. Alle anderen Stressfaktoren führen eher dazu, dass du immer mal wieder eine kohlenhydratreichere Phase einbauen solltest. Also Phase 3 – „Eat Clean".

Nachfolgend findest du für alle Variationen von Typ und Untertyp einen ganz individuellen Fahrplan für die Challenge. Mit diesem Fahrplan versuche ich, so viele unterschiedliche persönliche Faktoren abzudecken, wie es mir in einem Buch ohne direkte Beratung möglich ist.

**Untertyp E:** Du lebst am Stresslimit. Damit du deinen anstrengenden Alltag noch besser meisterst, brauchst du hin und wieder gesunde Kohlenhydrate. Deine kohlenhydratarmen Phasen sind kürzer als bei den folgenden Untertypen.

**Untertyp F:** Du bist tendenziell gestresst, aber noch nicht am Limit. Du brauchst häufiger mal Nachschub an gesunden Kohlenhydraten als Untertyp G, kannst aber länger von strengen Low-Carb-Phasen profitieren als Untertyp E.

**Untertyp G:** Stress ist da, hält sich aber in Grenzen. Dein Körper profitiert von langen kohlenhydratarmen Phasen. Die perfekte Ergänzung sind seltene kohlenhydratreichere Phasen.

**Untertyp H:** Du lebst eigentlich nicht besonders stressig. Dennoch fühlst du dich womöglich oft niedergeschlagen. Du profitierst vom stimmungsaufhellenden Effekt einer ketogenen Ernährung, also Phase 1.

**Mein Tipp:** Absolviere erst einmal eine 30-Tage-Challenge. Wenn du daran Gefallen gefunden hast, kannst du dich am weiteren vorgeschlagenen Weg orientieren und direkt noch einige Wochen dranhängen.

Falls du die Challenge über die angegebene Dauer hinaus verlängern willst – weil du dich damit sehr wohlfühlst oder weil du noch weiter abnehmen möchtest –, dann starte einfach die Abfolge der Phasen von vorn.

Falls es unterwegs Stolpersteine gibt, kontaktiere mich über www.foodpunk.de oder nutze auf unserer Facebook-Seite www.facebook.com/foodpunk die Schwarmintelligenz der Foodpunk-Community. Denn auch wenn du dieses Buch allein zu Hause auf deiner Couch liest: Du bist nicht allein! Viele Foodpunks machen sich genau in diesem Moment auf dieselbe Reise, und es bringt dich wirklich voran, wenn du in der Gemeinschaft Motivation bekommst und Kraft tankst.

# Dein typgerechter Fahrplan

| Challenge | Runde 1 | | | | Runde 2 | | | | Runde 3 | | | | Runde 4 | |
|---|---|---|---|---|---|---|---|---|---|---|---|---|---|---|
| Typ / Woche | 1 | 2 | 3 | 4 | 5 | 6 | 7 | 8 | 9 | 10 | 11 | 12 | 13 | 14 |
| AE | P3 | P3 | P3 | P3 | P2 | P3 | P3 | P3 | P3 | | | | | |
| AF | P3 | P3 | P3 | P3 | P2 | P2 | P3 | P3 | P3 | | | | | |
| AG | P3 | P3 | P3 | P3 | P2 | P2 | P2 | P3 | P3 | | | | | |
| AH | P3 | P3 | P3 | P3 | P2 | P2 | P2 | P2 | P3 | | | | | |
| BE | P2 | P2 | P2 | P2 | P1 | P1 | P1 | P1 | P3 | P2 | | | | |
| BF | P2 | P2 | P2 | P2 | P1 | P1 | P1 | P1 | P3 | P2 | | | | |
| BG | P2 | P2 | P2 | P2 | P1 | P1 | P1 | P1 | P3 | P2 | | | | |
| BH | P2 | P2 | P2 | P2 | P1 | P1 | P1 | P1 | P3 | P2 | | | | |
| CE | P1 | P1 | P1 | P1 | P1 | P2 | P2 | P2 | P3 | P1 | P1 | P1 | | |
| CF | P1 | P1 | P1 | P1 | P1 | P1 | P2 | P2 | P3 | P1 | P1 | P1 | | |
| CG | P1 | P1 | P1 | P1 | P1 | P1 | P1 | P2 | P3 | P1 | P1 | P1 | | |
| CH | P1 | P1 | P1 | P1 | P1 | P1 | P1 | P1 | P3 | P1 | P1 | P1 | | |
| DE | P1 | P1 | P1 | P1 | P1 | P1 | P1 | P1 | P2 | P2 | P2 | P2 | P3 | |
| DF | P1 | P1 | P1 | P1 | P1 | P1 | P1 | P1 | P1 | P2 | P2 | P2 | P3 | |
| DG | P1 | P1 | P1 | P1 | P1 | P1 | P1 | P1 | P1 | P1 | P2 | P2 | P3 | |
| DH | P1 | P1 | P1 | P1 | P1 | P1 | P1 | P1 | P1 | P1 | P1 | P1 | P3 | |

Legende:

- Phase 1 – Boost Your Brain
- Phase 2 – Burn The Fat
- Phase 3 – Eat Clean

# Wie geht es nach deiner Foodpunk-Challenge weiter?

Natürlich kannst du dich auf Dauer nach dem Baukastensystem und den Rezepten in diesem Buch *LOW CARB* typgerecht ernähren. Dadurch wird dein Körper langfristig fit und schlank – und du sehr leistungsfähig!

Du musst aber nicht für den Rest deines Lebens die Zutaten für jede deiner Mahlzeiten abwiegen. Zu Beginn ist es sehr gut und hilfreich für dich, alles genau abzuwiegen, damit du ein Gefühl für die Mengen bekommst. So wirst du zum Beispiel die Angst vor Fett verlieren – denn auf der Waage siehst du „Wow, so viel darf ich wirklich!". Wenn dir das erst einmal „in Fleisch und Blut übergegangen" ist, kannst du das Ganze immer lockerer angehen.

WICHTIGE PUNKTE – Damit du fit bleibst und der Jo-Jo-Effekt keine Chance hat!

**1. Qualität vor Quantität:** Das Wichtigste ist, dass du auch zukünftig auf die Qualität deiner Ernährung, also der verwendeten Lebensmittel, achtest. Sag Nein zu allen Zusatzstoffen und mach überhaupt einen großen Bogen um alle industriell produzierte Nahrung. Denn sie raubt dir dein natürliches Sättigungsgefühl. Wenn du deine Hunger- und Sättigungsmechanismen durch eine Foodpunk-Challenge erst einmal wieder ins Gleichgewicht gebracht hast, werden sie dauerhaft funktionieren. Solange du natürliche, unverarbeitete Lebensmittel isst, funktioniert dein natürlicher Sättigungsmechanismus, und du musst nichts weiter tun, als aufzuhören, wenn du angenehm satt bist. Naturbelassene Nahrungsmittel setzen nicht so schnell an und verursachen auch keinen Heißhunger.

**2. Immer mit Gemüse:** Iss zu jeder Hauptmahlzeit Gemüse. Das kann ein Salat vorneweg oder eine Gemüsebeilage sein. So wirst du optimal mit Nährstoffen versorgt, und die Ballaststoffe bewirken eine lang anhaltende Sättigung. Beim Frühstück kannst du gern auch etwas Obst statt Gemüse verputzen – aber pflanzliche Ballaststoffe sollten immer ein Bestandteil sein!

**3. Teile deinen Teller klug auf:** Der perfekte Teller enthält alle wichtigen Nahrungsgruppen – wertvolles Protein, ballaststoffreiches Gemüse, gutes Fett und gelegentlich stärkehaltiges Gemüse als Kohlenhydratquelle. Und so sollte dein Teller idealerweise aussehen: Phase 1 & 2: $2/3$ (grünes) Gemüse, $1/3$ Protein, 1–2 Portionen Fett (je 1 EL Öl oder eine kleine Handvoll Nüsse). Phase 3: $1/3$ Gemüse, $1/3$ Protein, $1/3$ Süßkartoffeln, Kartoffeln oder Kassave, 1 Portion Fett. Dies ist eine noch stärker vereinfachte Version des Baukastensystems, an der du dich stets orientieren kannst.

**4. Immer mit der Ruhe:** Falls du Lebensmittel wieder in deine Ernährung einbauen willst, die während der Challenge verboten waren, geh das auf jeden Fall ganz piano an. Iss auf keinen Fall gleich am ersten Tag nach deiner Challenge alles, was dir vor die Nase kommt! Die Zeit nach der Challenge bietet dir die wunderbare Möglichkeit, herauszufinden, welche Lebensmittel dir guttun und welche nicht. Da dein Körper jetzt eine ganze Weile sehr clean ernährt wurde, reagiert er besonders empfindlich. Wenn du dich nun zum extremen Schlemmen hinreißen lässt, wirst du am nächsten Morgen ziemlich sicher aufgequollen und kopfschmerzgepeinigt aufwachen. Und du wirst nie herausfinden, welche Lebensmittel dir besonders schaden. Also geh es wirklich bitte, bitte in aller Ruhe an. Wenn du beispielsweise Reis wieder in deine Ernährung einbauen willst, iss an dem Tag nach den

Regeln der Challenge und nimm nur den Reis außer der Reihe dazu. Spür danach in deinen Körper hinein, fühl mal, wie es dir geht. Alles fein? Na, dann darf der Reis in Maßen in deine Ernährung zurückkehren. Teste die betreffenden Lebensmittel auf diese Weise Stück für Stück durch.

**5. Feiere das Leben und lass dir deine Ernährung nicht zur Last werden!** Du brauchst nicht zu perfektionistisch zu sein, geh nur dann auf die vollen 100 Prozent, wenn es dir Spaß macht und du dich dadurch nicht unter Druck setzt. Wenn du zu 80 Prozent gesund isst, kannst du dir zu 20 Prozent auch Dinge gönnen, die ein bisschen unter dem Optimum liegen. Genieß das Leben, trink ein Glas Sekt auf der Hochzeit deiner Freundin, iss ein Stück Kuchen von deiner Oma und schau in ihre leuchtenden Augen. Und am Tag danach bereust du nichts, sondern machst einfach ganz „normal" gesund weiter. Gönn dir solche Freuden bewusst und bewerte sie nicht als Ausrutscher.

**6. Alkohol – mal o.k., aber in Maßen und der Richtige:** Trink die kohlenhydratarmen Varianten: trockenen Wein, trockenen Sekt, aber lass die Finger vom Bier. Wenn du einen Cocktail mixen möchtest, verzichte auf Rohrzucker, Sirup & Co. Stattdessen kannst du zum Beispiel mit Xylit einen kohlenhydratarmen Mojito oder Caipirinha zubereiten. Aber behalte im Hinterkopf, dass Alkohol die Fettverbrennung sofort stoppt. Und zwar so lange, bis der gesamte Alkohol abgebaut wurde.

**Übrigens**: Alkohol ruft auch sehr gern Heißhunger hervor!

# Tipps für echtes Express-Kochen:

### 1. Koch die doppelte Menge eines Abendessens

Du wirst im Foodpunk-Baukasten und in den Rezepten sehen, dass ein Mittag- und ein Abendessen immer dieselben Nährwerte enthalten. Das bedeutet auch, dass du beides gegeneinander austauschen kannst. Du kannst die Gerichte für mittags auch abends verzehren und umgekehrt. Wenn du dir also abends die doppelte Menge kochst, kannst du die zweite Hälfte am nächsten Tag als Mittagessen mit ins Büro nehmen.

### 2. Bereite Muffins schon am Wochenende vor

Morgens gibt es oft Muffins zum Frühstück (z. B. Zitrone-Mohn-Muffins auf S. 64 und Schoko-Bananen-Muffins auf S. 181). Ich kann verstehen, dass du in der Früh nicht erst den Ofen anwerfen willst. Das ist auch gar nicht der Plan. Das Tolle an den Muffins ist, dass du ein- bis zweimal pro Woche welche vorbereiten kannst. Back zum Beispiel am Wochenende direkt die mehrfache Menge des Rezepts, dann bist du morgens, wenn es schnell gehen soll, gewappnet.

### 3. Koch vor und frier ein

Du hast ein Gericht gefunden, dass dir sehr gut schmeckt und sich zum Einfrieren eignet? Koch direkt mehrere Portionen vor und friere sie ein für die Abende, an denen es besonders schnell und einfach gehen muss. Wunderbar einfrieren lassen sich zum Beispiel alle Arten von Gemüsesuppen.

### 4. Schneide Gemüse vor

Beim Betrachten des Baukastens wirst du sehen, dass Gemüse die Grundlage der Mahlzeiten bildet. Mach dir also das Leben leicht und schneide an einem Tag, an dem du ein bisschen mehr Zeit hast, direkt etwas Gemüse vor. Dann kannst du an den folgenden Tagen ganz einfach darauf zurückgreifen. Ab in die Pfanne mit dem Gemüse, frisches Fleisch und gutes Fett dazu – fertig!

### 5. Organisiere deinen Kühlschrank mit Frischhaltedosen

Deck dich mit Frischhaltedosen in verschiedenen Größen ein. Darin kannst du vorgeschnittenes Gemüse, auch geschälten Knoblauch, gehackte Zwiebeln oder ganze fertig vorbereitete Gerichte aufbewahren.

Gib acht beim Umgang mit Frischhaltedosen: Verwende aus Gesundheitsgründen solche aus Glas mit einem BPA-freien Deckel (d. h. einem Deckel ohne den Weichmacher Bisphenol A).

Auch praktisch sind Weckgläser – wenn du das nächste Mal passierte Tomaten im Glas, eine Suppe, eine Nudelsauce oder eine Marmelade kaufst (vielleicht für ein Familienmitglied), bewahr die leeren Gläser unbedingt auf. So bekommst du kostenlose Vorratsbehälter und sparst dir obendrein noch den Weg zum Altglascontainer.

### 6. Mach dir einen Wochen-Fahrplan

Nimm dir an einem entspannten Tag die Zeit, um deine Mahlzeiten und den Einkauf für die ganze folgende Woche vorauszuplanen. Im ersten Moment wird dir das vielleicht sehr aufwendig erscheinen. Aber du wirst sehen, dass es sich lohnt, und während der stressigen Woche viel Zeit sparen.

Eine kostenlose Vorlage für einen Wochenplan, die du dir immer wieder neu ausdrucken kannst, findest du auf www.foodpunk.de/express. Du kannst natürlich auch eine klassische Wochenübersicht aus einem Kalender verwenden.

Notier dir, welche Rezepte aus dem Buch du nachkochen und an welchen Tagen du deine eigenen Kreationen zubereiten willst. Überleg dir im Vorhinein, welche Gemüsesorte du in dieser Woche vielleicht öfter verwenden möchtest, und schreib alle benötigten Zutaten auf.

### 7. Besorg dir regelmäßig die Grundnahrungsmittel

Alle Grundzutaten, die lange haltbar sind, wie Kokosöl, Butterschmalz, Gewürze und Ähnliches, kannst du problemlos für einen ganzen Monat auf Vorrat kaufen. Gemüse und Fleisch solltest du alle zwei bis drei Tage frisch einkaufen. Alternativ kannst du Fleisch, Fisch und Geflügel ebenso wie Gemüse auch auf Vorrat besorgen und einfrieren bzw. schon tiefgekühlt kaufen. Frisches Gemüse schmeckt am besten, aber wenn es schnell gehen muss, ist der Spinat aus dem Gefrierfach wesentlich gesünder als das Fertiggericht aus der Mikrowelle.

Viele Metzger, die Weiderindfleisch anbieten, haben mittlerweile auch einen Online-Versand. Hier kannst du eine größere Menge bestellen und das Fleisch dann einfrieren. Wenn du das Fleisch frisch bekommst, solltest du es am besten erst portionieren und dann portionsweise einfrieren. So hast du immer sofort die nötige Proteinportion für ein Gericht parat.

Gute Quellen für Weiderindfleisch findest du auf S. 241 und auf www.foodpunk.de/express. Dort findest du auch eine Einkaufsliste mit Tipps dazu, was du auf Vorrat einkaufen kannst und was du lieber immer frisch besorgen solltest.

### 8. Denk über einen Lebensmittel-lieferdienst nach

Für all diejenigen, die – so wie ich – oft morgens schon aus dem Haus gehen, bevor der erste Supermarkt öffnet, und abends erst nach 20 Uhr wieder Zeit haben: Scheut euch nicht, auf einen Lebensmittellieferdienst zurückzugreifen. Natürlich macht es echt Spaß, auf dem Wochenmarkt frisches Gemüse einzukaufen. Im Alltag schaffen wir es aber allzu oft nicht einmal mehr in einen normalen Supermarkt. Und bevor du beim Lieferdienst für Pizza, Pasta oder Asia-Nudeln anrufst, solltest du dir die benötigten Lebensmittel lieber schon rechtzeitig vorher von einem Online-Supermarkt oder einem Supermarkt vor Ort ins Haus bringen lassen.

Eine prima Idee ist auch eine regionale Bio-Kiste, in der du dir wöchentlich saisonales Gemüse und Obst direkt vor die Wohnungstür stellen lassen kannst (siehe S. 241).

### 9. Done is better than perfect

Mach dich nicht fertig, wenn es einmal nicht so gut klappt! Iss lieber eine Mahlzeit, die einigermaßen gut passt, im Restaurant, als deine neue Ernährungsweise wieder ganz über Bord zu werfen. Stress hast du genug und davon benötigst du nicht noch mehr.

Versuche so oft wie möglich frisch zu kochen und dich an die Grundsätze zu halten. Wenn es mal nicht klappt: Schwamm drüber, weitermachen. Gönn dir eine Pause.

### Hinweise zu den Rezepten

Die in den Rezepten angegebenen Mengen der einzelnen Zutaten beziehen sich immer auf das Verzehrgewicht – also Gemüse ohne Schale, Kerne und andere ungenießbare Anteile. Bei Tiefkühlprodukten ist das Abtropfgewicht gemeint, Fleisch und Geflügel werden ohne Knochen, Garnelen ohne Schale gewogen.

Alle Rezepte sind für 1 Portion kalkuliert. Mit Tipps unter den Rezepten weise ich häufig darauf hin, wie du überschüssige Zutaten gut aufbewahren und für das nächste (oder ein anderes) Rezept weiterverwenden kannst.

Um die Challenge auch mit veganen Gerichten anzureichern, wird in einigen Rezepten veganes Proteinpulver verwendet. Falls du dich nicht vegan ernährst, kannst du es auch durch Molkenproteinpulver (siehe S. 27 und S. 241) aus Milch von Weiderindern ersetzen.

Je wichtiger dir deine Gewichtsabnahme ist, desto genauer solltest du dich an die angegebenen Mengen halten. Bist du im Großen und Ganzen schon zufrieden mit deinem Körper, kannst du es etwas lockerer angehen und die Mengen ganz entspannt auf- oder abrunden.

Die Desserts (ab S. 222) sind das besondere Extra. Einmal pro Woche kannst du dir aus diesen Rezepten einen Bonus aussuchen. Achte bei deiner Wahl auch darauf, dass das Rezept für die aktuelle Phase deiner Challenge geeignet ist – einen entsprechenden Hinweis findest du bei jedem Dessertrezept.

### Was ist Paleo?

Paleo ist eine Ernährungsform, die auf dem Verzehr natürlicher Lebensmittel basiert. Ihre Anhänger verzichten nicht nur auf Zucker und Zusatzstoffe, sondern auch auf Getreide, Hülsenfrüchte und Milchprodukte. Rezepte, die in diesem Buch als „Paleo" gekennzeichnet sind,

enthalten keine Milchprodukte. Die anderen Grundlagen der Paleo-Ernährung sind für mich ohnehin selbstverständlich, sie werden auch in allen Rezepten in diesem Buch eingehalten.

### Die Rezeptkategorien

Damit du dich blitzschnell in den Rezepten zurechtfindest, habe ich jedes Rezept mit entsprechenden Icons gekennzeichnet. Hier siehst du, was sie bedeuten:

 Paleo

 Vegetarisch

 Vegan

### Welche Proteinquelle ist enthalten?

 Mit Milchprodukten

 Mit Proteinpulver

 Mit Rindfleisch

 Mit Schweinefleisch

 Mit Hähnchenfleisch

 Mit Putenfleisch

 Mit Lamm

 Mit Meeresfrüchten

 Mit Fisch

 Mit Eiern

### Diese Mahlzeiten kannst du besonders gut unterwegs und auch kalt verzehren.

 To go

# REZEPTE

---

# PHASE 1

BOOST YOUR BRAIN

# BOOST YOUR BRAIN

---

# DAS FRÜHSTÜCK

---

In dieser Phase kommt dein Körper in Ketose, und dein Gehirn gewinnt Energie aus Ketonkörpern. Phase 1 enthält am wenigsten Kohlenhydrate pro Tag. Mit Zitrone-Mohn-Muffins, Omelett mit Speck oder Grießbrei mit Zimt bedeutet Low Carb alles andere als Verzicht.

# BULLETPROOF COFFEE

**Nährwerte: 5,9 g Kohlenhydrate, 15,2 g Protein, 25,7 g Fett**

## ZUTATEN:

* 250 ml frisch gebrühter Kaffee
* 20 g Butter
* 2 TL MCT-Öl (10 g) (Reformhaus & online)
* 1 EL Collagen-Proteinpulver (15 g)
* 150 g Himbeeren

## ZUBEREITUNG:

Den frisch gebrühten Kaffee in einen Standmixer gießen. Die Butter und das MCT-Öl hineingeben und alles zusammen 2 Minuten lang richtig schaumig mixen. Anschließend das Collagen-Proteinpulver vorsichtig einrühren.

Den Kaffee mit den Himbeeren servieren.

Zubereitungsdauer: 5 Minuten

**SCHON GEWUSST?** *MCT-Öl ist ein spezielles Öl, das (bei guten Firmen) aus Kokosöl gewonnen wird. Es enthält spezielle Fettsäuren, welche die Fettverbrennung anregen. Achte darauf, dass du MCT-Öl aus Kokosöl kaufst, nicht solches aus Palmöl.*

**TIPP:** *Klassischer Bulletproof Coffee wird ohne Kohlenhydrate verzehrt. Für das Foodpunk-Prinzip „Low Carb typgerecht" verteilen wir aber die verfügbaren 30 g Kohlenhydrate gleichmäßig auf morgens, mittags und abends. Darum gibt es zu diesem Bulletproof Coffee einige Himbeeren als Quelle für Ballaststoffe, Vitamine und ein paar Kohlenhydrate.*

# SUPERFOOD COFFEE

**Nährwerte: 6,0 g Kohlenhydrate, 14,6 g Protein, 24,4 g Fett**

## ZUTATEN:

* 250 ml frisch gebrühter Kaffee
* 4 TL Kokosöl (20 g)
* 2 TL Kakaopulver (10 g)
* 1 Prise Ceylonzimt
* 4 TL veganes Proteinpulver (20 g) (z. B. Mandelprotein)
* 65 g Blaubeeren

## ZUBEREITUNG:

Den frisch gebrühten Kaffee in einen Mixer geben. Das Kokosöl, das Kakaopulver und den Zimt hinzufügen und gut aufschäumen. Zuletzt das vegane Proteinpulver einrühren – Mandelprotein hat einen völlig neutralen Geschmack.

Den Kaffee mit den Blaubeeren servieren.

Zubereitungsdauer: 5 Minuten

# SÜSSES RÜHREI MIT KOKOSBEEREN

**Nährwerte: 6,0 g Kohlenhydrate, 16,0 g Protein, 26,0 g Fett**

### ZUTATEN:

* 50 g Erdbeeren
  (ca. 2–3)
* 2 Eier
* 1 Prise Himalaya-
  Salz
* 1 EL Kokosmilch
* 2 EL Wasser
* 1 Prise Bourbon-
  Vanille
* 5 g Kokosöl
* 1 EL gehobelte
  Mandeln
* 1 TL Kokosflakes
* 1 Prise Zimt

### ZUBEREITUNG:

Die Erdbeeren waschen, putzen und vierteln. Die Eier aufschlagen, in eine Schüssel geben, salzen und verquirlen.

In einem kleinen Topf die Beeren mit der Kokosmilch, dem Wasser und der Vanille kurz erhitzen. Sie sollten etwas zerfallen, aber nicht matschig sein.

In einer Pfanne das Kokosöl erhitzen und die Eimasse hineingeben. Bei mittlerer Hitze etwas stocken lassen, dann mit einem Holzspatel vorsichtig zerteilen und zu einem Rührei verarbeiten.

Das Rührei mit der Beeren-Sauce auf einem Teller anrichten. Mit Mandelblättchen und Kokosflakes bestreuen und mit etwas Zimt bestäuben. Wenn du möchtest, kannst du die Kokosflakes kurz in einer Pfanne ohne Fett goldbraun anrösten.

Zubereitungszeit: 10 Minuten

**TIPP:** *Gerichte mit diesem Icon orientieren sich an den Prinzipien der Paleo-Ernährung, bei der man auf Getreide, Zucker und Zuckerersatz, Milchprodukte und Hülsenfrüchte verzichtet.*

# FEINES OMELETT MIT GRÜNEM SPARGEL

**Nährwerte: 6,0 g Kohlenhydrate, 16,0 g Protein, 26,0 g Fett**

## ZUTATEN:

* 2 Eier
* 3 EL Kokosmilch
* 1 Prise Meersalz
* 1 Prise frisch gemahlener schwarzer Pfeffer
* 175 g grüner Spargel
* 10 g Ghee
* etwas Schnittlauch zum Garnieren

## ZUBEREITUNG:

Die Eier mit der Kokosmilch sowie je einer Prise Salz und Pfeffer in einer Schüssel verquirlen.

Den Spargel waschen, putzen und die holzigen Enden abschneiden. Die Spargelstangen schräg in schmale Scheiben schneiden, die Spargelspitzen ganz lassen.

Das Ghee in einer Pfanne erhitzen und den Spargel hineingeben. Etwa 4 Minuten von allen Seiten leicht anbraten, bis er zart, aber noch bissfest ist. Ein paar Spargelspitzen aus der Pfanne nehmen und zum Garnieren beiseitelegen.

Die Eimasse über den Spargel in der Pfanne geben und bei mittlerer Hitze etwa 2 Minuten stocken lassen. Den Schnittlauch waschen, kurz trocknen und in Röllchen schneiden.

Das Omelett mit den Spargelspitzen und mit Schnittlauchröllchen garnieren. Nach Belieben mit Salz und Pfeffer abschmecken.

Zubereitungszeit: 15 Minuten

# GRÜNER SUPERFOOD-SHAKE

**Nährwerte: 6,0 g Kohlenhydrate, 16,0 g Protein, 26,0 g Fett**

## ZUTATEN:

* 40 g Spinat
  (ca. 1 Handvoll)
* 40 g Avocado (ca. ¼)
* 1 Prise Matcha-
  pulver
* 100 ml Mandelmilch
* 125 g griechischer
  Joghurt (10 % Fett)
* 10 g Molkenprotein-
  pulver
* 2 TL Erythrit
  (optional)

## ZUBEREITUNG:

Die Spinatblätter waschen und in einen Mixer geben. Die Avocado halbieren, das Fruchtfleisch aus der Schale lösen, in Stücke schneiden und zum Spinat geben. Das Matchapulver und die Mandelmilch hinzufügen und alles 1 Minute mixen, bis die Spinatblätter fein püriert sind.

Dann den Joghurt und das Proteinpulver dazugeben und noch einmal kurz im Mixer vermengen.

Wenn der Shake zu fest ist, etwas Wasser einrühren, bis die Konsistenz angenehm trinkbar ist.

Zum Schluss den Shake nach Wunsch mit etwas Erythrit süßen.

Zubereitungszeit: 5 Minuten

**TIPP:** *Reste einer ganzen Avocado am besten gut mit Zitronensaft begießen, in einen Gefrierbeutel geben und im Kühlschrank aufbewahren – dort hält sie sich einige Tage. Du kannst sie auch einfrieren.*

# QUARK-BEEREN-TRIFLE

**Nährwerte: 6,0 g Kohlenhydrate, 16,0 g Protein, 26,0 g Fett**

## ZUTATEN:

* 75 g Sahnequark (40 % Fett)
* 10 g Molkenprotein-pulver
* 1 EL Mineralwasser mit Kohlensäure
* 20 g Kokosöl
* 55 g Himbeeren
* 1 Prise Bourbon-Vanille

## ZUBEREITUNG:

Den Sahnequark mit dem Proteinpulver und dem Mineralwasser in einer kleinen Schüssel glattrühren.

Das Kokosöl in einer Pfanne erhitzen und die Himbeeren darin leicht andünsten. Mit der Vanille würzen.

Die Quarkcreme mit den warmen Beeren garnieren.

Zubereitungszeit: 10 Minuten

**TIPP:** *Für dieses Rezept eignen sich Tiefkühlbeeren hervorragend. Sie lassen sich wunderbar portionieren und sind ganzjährig erhältlich. Beim Dünsten im Kokosöl tauen sie sehr rasch auf.*

# FOODPUNK-OATMEAL MIT CHIA

**Nährwerte: 6,0 g Kohlenhydrate, 16,0 g Protein, 26,0 g Fett**

## ZUTATEN:

* 15 g Chiasamen
* 10 g ungeschrotete Leinsamen
* 10 g Kokosraspel
* 60 ml Kokosmilch
* 10 g veganes Proteinpulver
* 1 Prise Bourbon-Vanille
* 1 Prise Himalaya-Salz
* 30 g Johannisbeeren

## ZUBEREITUNG:

Die Chiasamen, Leinsamen und Kokosraspel in einen Mixer geben und kurz schroten.

Die Kokosmilch in einem kleinen Topf erhitzen und das eben geschrotete Oatmeal zusammen mit dem Proteinpulver hinzugeben. 5 Minuten bei niedriger Hitze quellen lassen und dabei regelmäßig umrühren.

Wenn das Oatmeal zu fest wird, etwas Wasser hinzugeben. Wenn es zu flüssig ist, noch etwas bei geringer Hitze köcheln lassen.

Mit Vanille und Salz abschmecken. Die frischen Johannisbeeren waschen und das Oatmeal damit garnieren.

Zubereitungszeit: 10 Minuten

**TIPP:** *Verwende statt geschroteter Leinsamen lieber ganze Leinsamen, die du frisch schrotest. Der Vorteil: Du kannst sie besser aufbewahren, denn sie bleiben länger frisch. Falls du keinen guten Mixer hast, kannst du sie aber auch fertig geschrotet kaufen.*

# PERFEKTE BREAKFAST-BOWL

**Nährwerte: 6,0 g Kohlenhydrate, 16,0 g Protein, 26,0 g Fett**

## ZUTATEN:

* 150 g Cocktailtomaten (ca. 8)
* 70 g Avocado (ca. ½)
* 5 g Kokosöl
* 55 g Putenhackfleisch
* Himalaya-Salz
* frisch gemahlener Pfeffer
* 1 Prise edelsüßes Paprikapulver
* 140 g junger Spinat
* 1 EL Zitronensaft

## ZUBEREITUNG:

Die Cocktailtomaten waschen und halbieren. Die Avocado halbieren, den Kern entfernen, die Schale abziehen und das Fruchtfleisch in Scheiben schneiden.

Das Kokosöl in einer Pfanne erhitzen, das Putenhackfleisch darin anbraten und etwa 2 Minuten durchgaren. Mit Salz, Pfeffer und Paprikapulver würzen.

Die Hälfte des Spinats in einem kleinen Topf in etwas Wasser andünsten, bis er zusammenfällt. Gut salzen und mit Pfeffer und Paprikapulver würzen.

Den restlichen Spinat in eine Schüssel geben. Die halbierten Cocktailtomaten, den gedünsteten Spinat, die Avocado-Scheiben und das Putenhackfleisch darauf anrichten und alles mit Zitronensaft beträufeln.

Zubereitungszeit: 15 Minuten

# SÜSSER FOODPUNK-„GRIESSBREI" MIT ZIMT

**Nährwerte: 5,9 g Kohlenhydrate, 14,5 g Protein, 26,5 g Fett**

## ZUTATEN:

* 3 EL Sahne (45 ml)
* 50 ml Wasser
* 2 TL Kokosmehl (10 g)
* 4 TL Mandeln, gemahlen (20 g)
* 2 TL Molkenproteinpulver (10 g)
* 1 TL Erythrit (Reformhaus oder Bio-Supermarkt)
* ½ TL Ceylonzimt
* 15 g Himbeeren

## ZUBEREITUNG:

Die Sahne und das Wasser in einem kleinen Topf zum Kochen bringen. Das Kokosmehl und die gemahlenen Mandeln einrühren und 3 Minuten quellen lassen. Das Molkenproteinpulver einrühren und den Grießbrei mit Erythrit und Zimt abschmecken.

Den warmen Grießbrei in einer Schüssel anrichten, etwas Erythrit und Zimt darüberstäuben und die Himbeeren dekorativ darauf verteilen.

Zubereitungsdauer: 5 Minuten

# EIER IM GLAS
# AUF AVOCADO-SALSA

**Nährwerte: 6,1 g Kohlenhydrate, 16,2 g Protein, 27,4 g Fett**

## ZUTATEN:

* 2 Eier
* 50 g Avocado
  (½ sehr kleine oder
  ¼ sehr große)
* 130 g Tomaten
* 1 TL Olivenöl
* 2 TL Limettensaft
* Ein paar Stängel
  Koriander, frisch
* Fleur de Sel
* Schwarzer Pfeffer
  aus der Mühle

**Optional:**

* Eierkocher
  verwenden

## ZUBEREITUNG:

Die Eier mit einem Eierstecher an der dickeren Seite einstechen. In einem kleinen Topf Wasser zum Kochen bringen. Die Eier im kochenden Wasser 3 Minuten (weich) oder 5 Minuten (wachsweich) kochen. Alternativ kannst du einen Eierkocher verwenden.

Während die Eier kochen, das Fruchtfleisch der Avocado und die Tomaten sehr fein würfeln. Beides vermengen und mit Olivenöl und Limettensaft vermischen.

Den Koriander fein hacken und mit der Avocado-Salsa vermischen. Mit Salz und Pfeffer würzen. Die Salsa auf dem Boden eines ausreichend großen Glases verteilen.

Die Eier abschrecken, schälen und auf die Avocado-Salsa legen. Mit Fleur de Sel und frisch gemahlenem Pfeffer genießen.

Zubereitungsdauer: 10 Minuten

# OMELETT MIT SPECK UND TOMATENSALSA

**Nährwerte: 6 g Kohlenhydrate, 15,9 g Protein, 24,2 g Fett**

## ZUTATEN:

* 130 g Tomaten
* 30 g Schalotte, gehackt (2 EL)
* Ein paar Schnittlauchhalme
* Meersalz
* Schwarzer Pfeffer aus der Mühle
* 2 Eier
* 2 TL Butterschmalz (10 g)
* 1–2 Scheiben Bacon (10 g) (ohne Nitritpökelsalz)

## ZUBEREITUNG:

Die Tomaten waschen, die Schalotte häuten. Die Tomate fein würfeln, die Schalotte hacken. Den Schnittlauch in feine Röllchen schneiden.

Die Tomatenwürfel mit der gehackten Schalotte und den Schnittlauchröllchen vermengen. Mit Salz und Pfeffer abschmecken und in einer kleinen Schüssel beiseitestellen.

Die Eier in eine Schüssel aufschlagen. Mit Salz und Pfeffer würzen und gut verquirlen.

Das Butterschmalz in einer Pfanne erhitzen und den Bacon darin auf beiden Seiten knusprig anbraten. Den Speck herausnehmen und auf einem Teller mit Küchenkrepp abtropfen lassen.

Nun das verquirlte Ei in die Pfanne gießen und bei mittlerer Hitze stocken lassen.

Das Omelett aus der Pfanne auf einen Teller gleiten lassen. Mit Bacon und Schnittlauchröllchen anrichten und mit der Tomatensalsa servieren.

Zubereitungsdauer: 15 Minuten

**TIPP:** *Aus Spiegelei oder Omelett kannst du ganz leicht eine To-go-Version zaubern. Gib dazu die verquirlten oder ganzen Eier einfach in Silikonförmchen und back es im Backofen. Du kannst auch Bacon und Gemüse mit in die Silikonförmchen geben und die Eier in ein Omelett-to-go bzw. in Spiegeleier-to-go verwandeln.*

# ZITRONE-MOHN-MUFFINS

**Nährwerte: 5,9 g Kohlenhydrate, 15,7 g Protein, 25,5 g Fett**

## ZUTATEN:

* 2 Eier
* 2 TL Kokosöl (10 g)
* 1 Bio-Zitrone,
  Saft und Abrieb
* 2 TL Mohn,
  gemahlen
* 1 EL Kokosmehl
  (5 g) (Reformhaus
  oder Bio-Super-
  markt)
* 1 EL Erythrit
  (Reformhaus oder
  Bio-Supermarkt)
* ½ TL Weinstein-
  backpulver
* 1 Msp. Bourbon-
  Vanille, gemahlen

**Zusätzlich:**

* 4 kleine Muffin-
  förmchen

## ZUBEREITUNG:

Den Backofen auf 160 °C Umluft (180 °C Ober-/Unterhitze) vorheizen.

Die Eier mit einem Rührgerät schaumig schlagen. Das Kokosöl
bei mittlerer Hitze in einem Topf vorsichtig schmelzen und
abkühlen lassen. Das Kokosöl mit der Eimasse vermengen.

Den Zitronensaft und den Zitronenabrieb in die Eimasse einrühren.

Zuletzt die trockenen Zutaten – Mohn, Kokosmehl, Erythrit,
Backpulver und Vanille – vermischen, über die Eimasse sieben
und einrühren.

Den Teig auf Muffinförmchen verteilen und 15–18 Minuten im
Backofen goldbraun backen.

Zubereitungsdauer: 15 Minuten

**TIPP:** *Die Menge des Muffinteigs kannst du supereasy vervielfachen
und ihn bereits am Wochenende vorbereiten. So bist du mit mehreren
Portionen Frühstück für die Woche gewappnet.*

# MANDEL-PROTEIN-KUGELN

**Nährwerte: 5,9 g Kohlenhydrate, 17 g Protein, 24,6 g Fett**

## ZUTATEN:

* 2 TL gemahlene Mandeln (10 g)
* 2 TL Kakao- pulver (10 g)
* 2 TL veganes Pro- teinpulver (10 g) (z. B. Mandelprotein bzw. entöltes Man- delmehl)
* 2 TL Erythrit (10 g) (Reformhaus oder Bio-Supermarkt)
* 1 EL Kokosöl (15 g)
* 55 g Himbeeren

## ZUBEREITUNG:

Die gemahlenen Mandeln mit dem Kakaopulver, dem veganen Proteinpulver und dem Erythrit vermengen. Das Kokosöl in einem Topf bei geringer Hitze schmelzen und mit den trockenen Zutaten vermengen.

Daraus Kugeln formen und in etwas Kakaopulver wälzen. Mit den Himbeeren servieren.

Zubereitungsdauer: 5 Minuten

**TIPP:** *Dieses Frühstück eignet sich besonders gut für unterwegs. Du kannst gleich mehrere Portionen der Protein-Kugeln vorbereiten und im Kühlschrank aufbewahren oder einfrieren. Gekühlt wird das Kokosöl wieder fest, und die Kugeln lassen sich leichter transportieren.*

# BOOST YOUR BRAIN

---

# MITTAGESSEN TO GO

---

Mit den Mittagessen aus Phase 1 kommst du energiegeladen
durch den Tag. Die schmackhaften Rezepte lassen sich blitzschnell
vorbereiten und wunderbar mitnehmen. Gurkensalat mit Burrata,
italienischer Antipasti-Teller oder Gemüsesticks mit Taco-Dip
warten auf dich.

# KOHLRABI-STICKS MIT WÜRZIGEM TACO-DIP

**Nährwerte: 12,1 g Kohlenhydrate, 32,6 g Protein, 49,7 g Fett**

## ZUTATEN:

* 30 g Schalotte (1 kleine)
* 1 Knoblauchzehe
* 3 EL Olivenöl
* 2 TL Limettensaft
* 3 EL veganes Proteinpulver (ca. 45 g)
* 1 TL Hefeflocken (optional)
* 1 Prise Chilipulver
* 1 Prise Kreuzkümmel (Cumin), gemahlen
* 1 Prise Cayennepfeffer
* 1 Prise Meersalz
* 200 g Kohlrabi

## ZUBEREITUNG:

Die Schalotte und die Knoblauchzehe abziehen und beides fein hacken.

1 EL Olivenöl in einer Pfanne erhitzen. Die Schalotte und den Knoblauch darin andünsten, bis die Schalottenwürfelchen glasig sind. Auf die Hitze achten, damit der Knoblauch nicht anbrennt, denn dann wird er bitter.

Den Inhalt der Pfanne zusammen mit dem Limettensaft und dem restlichen Olivenöl in einen Mixer geben und fein pürieren. Das vegane Proteinpulver unterrühren. Den Dip mit den Hefeflocken (falls verwendet) und mit Chilipulver, Kreuzkümmel, Cayennepfeffer und Meersalz würzen. Wenn er zu dickflüssig wird, mit etwas Wasser glatt rühren.

Den Kohlrabi schälen und in Stifte schneiden. Die Kohlrabi-Sticks mit dem Dip servieren.

Zubereitungsdauer: 15 Minuten

# SCHARFER SALAT VON GRÜNER PAPAYA MIT GARNELEN

**Nährwerte: 12,0 g Kohlenhydrate, 32,0 g Protein, 52,0 g Fett**

## ZUTATEN:

* 1 kleines Stück Zitronengras (ca. 2 cm lang)
* 15 g Kokosöl
* 150 g Garnelen
* 220 g grüne Papaya (ca. ½)
* 80 g asiatischer Pflücksalat (ca. 2 Handvoll)
* 3 Zweige frischer Koriander
* 1–2 EL Limettensaft
* 2 TL Fischsauce
* 1 EL Sesamöl
* 1 Prise getrocknete Chili-Flocken
* 30 g Macadamia-nüsse

## ZUBEREITUNG:

Das Zitronengras in feine Ringe schneiden. Das Kokosöl in einer Pfanne erhitzen und das Zitronengras darin kurz andünsten. Die Garnelen dazugeben, kurz von allen Seiten scharf anbraten und dann bei mittlerer Temperatur 2–3 Minuten durchgaren.

Die Papaya schälen, halbieren und die Kerne entfernen. Mit einer Küchenreibe die benötigte Hälfte in feine Streifen raspeln. Den Pflücksalat waschen, trocken schleudern und mit den Papayastreifen vermischen. Den Koriander waschen, kurz trocken schütteln, die Blätter abzupfen und fein hacken.

Aus Limettensaft, Fischsauce, Sesamöl, gehacktem Koriander und den Chili-Flocken ein Dressing zaubern und mit dem Salat vermengen.

Die Macadamianüsse grob hacken. Den Salat mit den Garnelen anrichten und mit den gehackten Nüssen garnieren.

Zubereitungszeit: 25 Minuten

**TIPP:** *Wenn die Garnelen einmal angebraten sind, kannst du das Gericht auch für unterwegs mitnehmen und kalt genießen. Packe dafür die Garnelen und das Dressing separat ein. Oder du stapelst alle Zutaten „umkippsicher" in einem Behältnis: Dressing und Garnelen unten, dann Papaya, oben Salat. Vorm Genießen miteinander vermischen. Generell lassen sich alle Salate auf diese Art sehr gut transportieren.*

# MEXIKANISCHER HÄHNCHEN-TACO-SALAT

**Nährwerte: 12,0 g Kohlenhydrate, 32,0 g Protein, 52,0 g Fett**

## ZUTATEN:

* ½ TL Chili-Flocken
* ½ TL gemahlener Kreuzkümmel
* 1 Prise granulierter Knoblauch
* 1 Prise granulierte Zwiebel
* 1 Prise getrockneter Oregano
* 1 Prise rosenscharfes Paprikapulver
* 1 Prise Meersalz
* 1 Prise frisch gemahlener Pfeffer
* 110 g Hähnchenbrust
* 10 g Ghee
* 80 g Kopfsalat (ca. 2 Handvoll)
* 140 g gelbe Paprikaschote (ca. 1)
* 100 g Tomate (ca. 1 mittelgroße)
* 2 EL Olivenöl
* 2 TL Apfelessig

## ZUBEREITUNG:

Alle Kräuter und Gewürze vermischen. Die Hähnchenbrust abwaschen, trockentupfen und gründlich mit dieser Gewürzmischung einreiben.

Das Ghee in einer Pfanne erhitzen, die Hähnchenbrust darin anbraten und bei mittlerer Temperatur durchgaren.

Den Kopfsalat waschen, schleudern und in einer Schüssel anrichten. Das Gemüse waschen. Die Paprikaschote halbieren, entkernen und in Würfel schneiden. Die Tomate halbieren, vom Strunk befreien und anschließend achteln. Beides auf dem Salat anrichten.

Aus Olivenöl, Apfelessig, Salz, Pfeffer und etwas von den Chili-Flocken ein schnelles Dressing anrühren.

Die gegarte Hähnchenbrust in große Würfel schneiden und auf dem Salat anrichten. Mit dem Dressing abrunden und warm oder kalt servieren.

Zubereitungszeit: 15 Minuten

**TIPP:** *Wenn Hähnchenfleisch übrig bleibt, wiege es ab, brate es an und verstaue es dann in einem Gefrierbeutel im Tiefkühlfach. Beschrifte den Gefrierbeutel mit dem Gewicht. So hast du für einen nächsten Salat schnell vorgebratene Hähnchenbrust zur Hand.*

# MAIRÜBCHEN-SALAT

**Nährwerte: 12,0 g Kohlenhydrate, 32,0 g Protein, 52,0 g Fett**

## ZUTATEN:

* 3 Eier
* 210 g Mairübchen oder Steckrübe (ca. 1)
* 3 schwarze Pfefferkörner
* 1 Lorbeerblatt
* 1 Spritzer Apfelessig
* 2 TL Dijonsenf
* 35 ml Olivenöl
* 1 Prise Meersalz
* 1 Prise frisch gemahlener Pfeffer
* 100 g Salatgurke
* etwas Petersilie und Schnittlauch zum Garnieren

## ZUBEREITUNG:

Die Eier hart kochen und abkühlen lassen.

Die Mairübchen schälen und in Würfel mit 1 cm Kantenlänge schneiden. In einen kleinen Topf legen und mit Wasser bedecken. Pfefferkörner, Lorbeerblatt und den Apfelessig hinzugeben. Etwa 10 Minuten köcheln lassen, bis die Mairübchen durch, aber noch bissfest sind.

Die Eier pellen, das Eigelb herauslösen und in einen Mixer geben. Dijonsenf, Olivenöl, Salz und Pfeffer hinzugeben und alles zu einer schnellen Mayonnaise pürieren.

Die Eiweiße fein würfeln. Die Salatgurke raspeln. In einer Schüssel die gekochten Mairübchen mit der schnellen Mayonnaise, den Eiweiß-Würfeln und der Salatgurke vermengen.

30 Minuten oder über Nacht ziehen lassen. Danach noch einmal mit Salz und Pfeffer abschmecken.

Petersilie und Schnittlauch waschen und trocken schütteln, die Petersilie hacken, den Schnittlauch in Röllchen schneiden, dann beides zum Garnieren verwenden.

Zubereitungszeit: 30 Minuten (plus: 30 Minuten Ziehzeit)

# ANTIPASTI-SALAT UND PROTEINPUDDING

**Nährwerte: 12,0 g Kohlenhydrate, 32,0 g Protein, 52,0 g Fett**

## ZUTATEN:

**Für den Proteinpudding:**

* 5 g Kakaopulver
* 50 ml Mandelmilch, ungesüßt
* 15 g veganes Proteinpulver

**Für den Salat:**

* 100 g Kräuterseitlinge
* 125 g Zucchini (ca. ½)
* 15 g Kokosöl
* 2 TL Olivenöl
* 1 Prise Kerbel, getrocknet
* 1 Prise Dill, getrocknet
* 2 TL Zitronensaft
* 1 Prise Meersalz
* 1 Prise frisch gemahlener schwarzer Pfeffer
* 50 g Feldsalat (ca. 1 große Handvoll)
* 40 g Haselnüsse
* einige Blätter Zitronenmelisse und einige Stängel Petersilie
* etwas abgeriebene Zitronenschale

## ZUBEREITUNG:

Für den Nachtisch einen Proteinpudding vorbereiten. Dazu Kakaopulver, Mandelmilch und Proteinpulver vermengen und 30 Minuten quellen lassen. Falls die Masse zu fest wird, noch etwas Wasser unterrühren.

Die Kräuterseitlinge putzen und der Länge nach in Scheiben schneiden. Die halbe Zucchini waschen, am Ende kappen und in lange Streifen schneiden. Das Kokosöl in einer Pfanne erhitzen und die Zucchini- und Kräuterseitling-Scheiben darin auf beiden Seiten jeweils 3 Minuten anbraten. Falls die Pfanne zu voll wird, das Gemüse in mehreren Portionen anbraten.

Aus Olivenöl, Kerbel, Dill und Zitronensaft mit etwas Meersalz und frisch gemahlenem Pfeffer ein Dressing mischen.

Den Feldsalat waschen und mit dem gebratenen Gemüse anrichten. Die Haselnüsse hacken und die Hälfte über den Salat geben, den Rest über den Proteinpudding streuen.

Zitronenmelisse und Petersilie waschen, trocken schütteln und hacken. Dann damit und mit der Zitronenschale den Salat garnieren und diesen mit dem Dressing anrichten.

Zubereitungszeit: 20 Minuten (plus 30 Minuten Quellzeit)

# BLUMENKOHL-KOKOS-CREMESUPPE

**Nährwerte: 12,0 g Kohlenhydrate, 32,0 g Protein, 52,0 g Fett**

73

## ZUTATEN:

* 250 g Blumenkohl (ca. ½)
* 10 g Kokosöl
* Meersalz
* 60 ml Kokosmilch
* 30 g veganes Proteinpulver
* ¼ TL getrockneter Rosmarin
* ¼ TL Chili-Flocken
* 1 Prise frisch gemahlene Muskatnuss
* 1 Prise frisch gemahlener Pfeffer
* 30 g Macadamia-nüsse
* 2 TL Olivenöl

## ZUBEREITUNG:

Den Blumenkohl waschen und in Röschen teilen. Das Kokosöl in einem Topf erhitzen und die Blumenkohl-Röschen darin leicht andünsten. Anschließend mit Wasser bedecken, salzen und 20 Minuten köcheln lassen. Bei Bedarf Wasser nachgießen, sodass das Gemüse immer bedeckt bleibt.

Dann die Suppe mit einem Passierstab pürieren. Die Kokosmilch und das Proteinpulver einrühren. Wenn die Suppe zu fest wird, noch etwas Wasser hinzufügen. Mit Rosmarin, Chili, Muskat, Salz und Pfeffer abschmecken.

Die Macadamianüsse grob hacken und in einer Pfanne ohne Fett leicht anrösten.

Zum Anrichten die Suppe mit Olivenöl beträufeln und mit den gerösteten Macadamianüssen garnieren.

Zubereitungszeit: 30 Minuten

# GEBACKENER ZIEGENKÄSE AUF MANGOLD

**Nährwerte: 12,0 g Kohlenhydrate, 32,0 g Protein, 52,0 g Fett**

## ZUTATEN:

* 150 g Baby-Mangold (ca. 3 Handvoll)
* 160 g junge bunte Karotten (ca. 4)
* 130 g Ziegen-camembert
* 10 g Ghee
* 2 TL Olivenöl
* 1 TL Apfelessig
* 1 TL abgeriebene Zitronenschale
* 1 Prise Meersalz

## ZUBEREITUNG:

Den Backofen auf 150 °C Umluft vorheizen.

Den Mangold waschen und die trockenen Enden abschneiden. Die Karotten waschen, längs halbieren und der Länge nach in feine Streifen schneiden.

Den Ziegenkäse in einer feuerfesten Form 10 Minuten im Ofen backen. Nach 10 Minuten die Grillfunktion anstellen und den Käse weitere 2 Minuten leicht golden anbräunen.

Währenddessen das Ghee in einer Pfanne erhitzen. Die Karotten darin schwenken und gut salzen. Etwa 5 Minuten bei mittlerer Hitze bissfest dünsten. Den Mangold dazugeben und kurz mit-dünsten, bis er beginnt zusammenzufallen. Es müssen nicht alle Blätter gegart sein. Eine Mischung aus leicht erwärmten frischen und zusammengefallenen Mangoldblättern ist ideal.

Aus Olivenöl, Apfelessig, Zitronenschale und Meersalz ein Dressing anrühren.

Das Gemüse mit dem Ziegenkäse anrichten und mit dem Zitronendressing beträufeln.

Zubereitungszeit: 25 Minuten

# ROMANASALAT MIT SESAMDRESSING

**Nährwerte: 12,1 g Kohlenhydrate, 32,8 g Protein, 54,4 g Fett**

## ZUTATEN:

* 200 g Romanasalat
* 60 g Karotten, bunt (z. B. gelb, lila und/ oder orange)
* 1 EL Zitronensaft
* 35 ml Olivenöl
* 2 TL Apfelessig
* 6 TL Sesam (30 g)
* 8 TL veganes Proteinpulver (40 g)
* Meersalz
* 1 Prise Chilipulver

## ZUBEREITUNG:

Den Romanasalat waschen und grob in Stücke zupfen. Die bunten Karotten waschen und raspeln und mit etwas Zitronensaft beträufeln.

Das Olivenöl mit dem Apfelessig und 4 TL Sesamsamen in einen Mixer geben und fein pürieren. Das vegane Proteinpulver einrühren. Wenn das Dressing zu dickflüssig wird, noch etwas Wasser einrühren. Mit Meersalz und Chilipulver würzen.

Den Salat mit dem Dressing vermengen und mit der geraspelten Karotte garnieren. Mit den restlichen Sesamsamen dekorieren.

Zubereitungsdauer: 10 Minuten

**TIPP:** *Vielleicht möchtest du dein Dressing lieber etwas flüssiger, also ohne das Proteinpulver zubereiten. Das kannst du auch tun. Wichtig für die lang anhaltende Sättigung und die richtige Ausschüttung der Sättigungshormone ist diese Portion Protein. Löse darum das Proteinpulver in etwas Wasser auf und trinke es als Shake zu der Mahlzeit, wenn du es nicht in deinem Dressing verwendest.*

**NOCH EIN TIPP:** *Die übrigen bunten Karotten kannst du wunderbar für die Karotten-Pasta auf S. 156 verwenden!*

# FEINER GURKENSALAT MIT BURRATA

**Nährwerte: 12 g Kohlenhydrate, 32,3 g Protein, 51,7 g Fett**

## ZUTATEN:

* 250 g Salatgurke
* 140 g gelbe Paprika
* 2 TL Olivenöl (10 g)
* 2 TL Apfelessig
* Rosafarbenes Himalajasalz
* 165 g Burrata (siehe *Schon gewusst?*)
* Rosa Pfefferkörner
* Essbare Blüten (z. B. Gänseblümchen, Kapuzinerkresse, Hornveilchen, Tagetes)

## Optional:

* Spiralschneider oder Sparschäler

## ZUBEREITUNG:

Die Salatgurke und die Paprika waschen. Die Paprika halbieren und entkernen.

Die Gurke mit einem Spiralschneider oder einem Sparschäler in breite Streifen schneiden. So entstehen „Gurken-Tagliatelle". Die Paprika erst in feine Streifen, dann in kleine Würfel schneiden.

Die „Gurken-Tagliatelle" in einer Schüssel mit den Paprikawürfeln vermengen. Mit Olivenöl, Apfelessig und Salz würzen. Den Gurkensalat auf einem Teller anrichten.

Die Burrata in der Mitte platzieren. Einige rosa Pfefferkörner zwischen Daumen und Zeigefinger etwas zerdrücken, den Salat damit und mit den essbaren Blüten bunt dekorieren.

Zubereitungsdauer: 10 Minuten

**SCHON GEWUSST?** *Burrata ist ein spezieller Kuhmilch-Mozzarella mit flüssigem Kern. Diese Spezialität aus Italien findest du mittlerweile auch in vielen deutschen Supermärkten.*

# SHIRATAKI-PASTA MIT THAI-SPARGEL, RÄUCHERLACHS UND SESAM

**Nährwerte: 11,9 g Kohlenhydrate, 31,6 g Protein, 54 g Fett**

## ZUTATEN:

* 150 g gelbe Paprika
* 150 g grüner Thai-Spargel (*oder* junger grüner Spargel)
* 7 TL Kokosöl (35 g)
* 150 g Shirataki-Spaghetti (siehe *Tipp*)
* 1 TL Coconut Aminos (siehe unten *Schon gewusst?*)
* Meersalz
* Cayennepfeffer
* 120 g Räucherlachs
* Ein paar Stängel Koriander, frisch

## ZUBEREITUNG:

Das Gemüse waschen. Die Paprika halbieren und entkernen und den Spargel von seinen holzigen Enden befreien.

Den Spargel schräg in Scheiben schneiden, die Spargelspitzen ganz lassen. Die Paprika in feine Streifen schneiden und diese halbieren.

Das Kokosöl in einer Pfanne erhitzen und das Gemüse darin anbraten. Etwa 5 Minuten unter ständigem Rühren weich düns-ten.

Die Shirataki-Spaghetti in ein Sieb geben und unter fließendem Wasser abspülen, dann zusammen mit der Coconut Aminos in die Pfanne geben und noch einmal 3 Minuten erhitzen. Mit Salz und Cayennepfeffer abschmecken.

Den Räucherlachs in Streifen schneiden. Du kannst den Räucher-lachs nun in der Pfanne mitgaren oder ihn erst am Schluss roh auf der Pasta anrichten.

Den Koriander fein hacken. Die Pasta mit dem Räucherlachs anrichten und mit dem gehackten Koriander garnieren.

Zubereitungsdauer: 20 Minuten

**SCHON GEWUSST?** *Coconut Aminos ist eine sojafreie Würzsauce aus Kokospalm-Blütensaft.*

**TIPP:** *Shirataki-Spaghetti werden auch „Konjaknudeln" genannt und aus dem Mehl der Konjakwurzel hergestellt. Sie bestehen fast nur aus Ballaststoffen und enthalten keine Kohlenhydrate. Du findest sie im Asialaden und mittlerweile auch in vielen Supermärkten als „0-Kalorien-" oder „Low-Carb-Pasta".*

# ITALIENISCHER ANTIPASTI-TELLER

**Nährwerte: 11,9 g Kohlenhydrate, 32,3 g Protein, 51,6 g Fett**

### ZUTATEN:

* 140 g rote Paprika
* 100 g Zucchini
* 1 EL Olivenöl
* Salz (Fleur de Sel)
* 55 g Bresaola (ital. Rinderschinken)
* 90 g grüne Oliven, ohne Stein
* 30 g Parmesan

### ZUBEREITUNG:

Die rote Paprika waschen, putzen und in Streifen schneiden. Die Zucchini waschen und in Scheiben schneiden.

Das Olivenöl in einer Pfanne erhitzen und das Gemüse darin rundum etwa 5 Minuten andünsten.

Mit Fleur de Sel bestreuen.

Die Bresaola und die Oliven auf einem Teller anrichten. Das gebratene Gemüse dazulegen.

Zum Schluss den Parmesan darüberhobeln oder in Würfel geschnitten dazu reichen.

Zubereitungsdauer: 15 Minuten

**SCHON GEWUSST?** *Bresaola ist ein feiner italienischer Rinderschinken. Du findest ihn in zahlreichen Supermärkten, beim Feinkost-Metzger und beim Feinkost-Italiener.*

**TIPP:** *Im Sommer kannst du das Gemüse auch auf dem Grill garen und hinterher mit dem Olivenöl beträufeln.*

# PFIFFERLINGSALAT MIT EI

**Nährwerte: 11,9 g Kohlenhydrate, 31,7 g Protein, 51,2 g Fett**

## ZUTATEN:

* 2 Eier
* 200 g Pfifferlinge
* 100 g Karotte
* 2 EL Butterschmalz (30 g)
* 2 EL Zwiebel, fein gehackt (30 g)
* Ein paar Stängel Petersilie, frisch

**Optional:**
* Eierkocher

## ZUBEREITUNG:

Die Eier hart kochen. Verwende dazu einen Eierkocher oder die klassische Zubereitung im Topf: Dazu die Eier am dickeren Ende mit einem Eierstecher einstechen und in den Topf legen. Mit Wasser bedecken und das Wasser zum Kochen bringen. Anschließend 8–10 Minuten kochen lassen. Die Eier mit einem Löffel herausnehmen und kalt abschrecken.

Während die Eier kochen, die Pfifferlinge putzen. Dazu mit Küchenkrepp vorsichtig den Schmutz entfernen. Die Karotte in feine Würfel schneiden.

Das Butterschmalz in einer Pfanne erhitzen und die fein gehackte Zwiebel darin glasig dünsten. Die Karotte hinzufügen und 3 Minuten mitbraten.

Anschließend auch die Pfifferlinge in die Pfanne geben und weitere 3–4 Minuten dünsten – dabei ständig wenden.

Die Petersilie fein hacken und einen Teil unter die Pfifferlinge heben.

Die Eier pellen und vierteln. Den Pfifferlingsalat auf einem Teller anrichten, mit den Eiern und dem Rest der gehackten Petersilie garnieren.

Zubereitungsdauer: 30 Minuten

**TIPP:** *Falls du ihn nicht sofort genießt, stell den Salat direkt nach der Zubereitung in den Kühlschrank. Gegarte Pfifferlinge sollten nicht zu lange warm lagern.*

# EXPRESS-VITELLO TONNATO MIT CHICORÉE

**Nährwerte:12,1 g Kohlenhydrate, 32,2 g Protein, 52,6 g Fett**

## ZUTATEN:

* 100 g Kalbs-
  braten, gegart
  (vom Metzger)
  *oder* 100 g Kalbs-
  schinken
* 40 g Thunfisch
  (aus der Dose,
  im eigenen Saft)
* 4 TL Olivenöl
* 2 EL Kapern (30 g)
* 8 TL Mayonnaise
  (40 g) (ohne Zucker
  und Zusatzstoffe)
* Meersalz
* Weißer Pfeffer
  aus der Mühle
* 200 g Chicorée
* 90 g Karotte
* Ein paar Stängel
  frische Petersilie,
  gehackt, zum Deko-
  rieren

## ZUBEREITUNG:

Den Kalbsbraten am besten vom Metzger in feine Scheiben schneiden lassen oder geschnittenen Kalbsschinken kaufen.

Den Thunfisch mit dem Olivenöl und der halben Menge Kapern in einen Mixer geben und fein pürieren. Die Mayonnaise unterheben. Die Thunfisch-Mayo mit Salz und Pfeffer abschmecken.

Den Chicorée und die Karotte waschen. Den Chicorée in sehr feine Scheiben schneiden und die Karotte raspeln.

Die Kalbfleischscheiben auf einem Teller auslegen. Die Hälfte der Thunfisch-Mayo darüberlöffeln und dann mit den übrigen Kapern garnieren.

Den Chicorée zusammen mit der geraspelten Karotte in eine Schüssel geben und die restliche Thunfisch-Mayo unterheben. Mit frisch gemahlenem Pfeffer abrunden.

Die gehackte Petersilie darüberstreuen und das Vitello Tonnato mit dem Chicorée-Salat servieren.

Zubereitungsdauer: 15 Minuten

**TIPP:** *Wenn du etwas mehr Zeit zur Verfügung hast, kannst du das Kalbfleisch frisch zubereiten. Das lohnt sich vor allem bei einer Zubereitung für mehrere Personen. Verwende zum Beispiel Kalbsfilet, das du in der Pfanne anbrätst und anschließend im vorgeheizten Backofen (160 °C Umluft; 180 °C Ober-/Unterhitze) 15 Minuten garen lässt. Danach das Kalbfleisch in Backpapier wickeln und 10 Minuten ruhen lassen, anschließend fein aufschneiden.*

# BOOST YOUR BRAIN

---

# DAS ABENDESSEN

---

Du musst nach einem stressigen Tag nicht noch lange
in der Küche stehen, um in Phase 1 ein leckeres Abendessen
zu kreieren. Freu dich auf Garnelenspieße, Carpaccio mit Parmesan
oder mit Käse überbackenen Spitzkohl.

# CHAMPIGNONCREMESUPPE

**Nährwerte: 12,6 g Kohlenhydrate, 33,8 g Protein, 51,0 g Fett**

## ZUTATEN:

* 300 g Champignons
* 5 TL Kokosöl (25 g)
* 45 g Cashewkerne (3 EL)
* 200 ml Gemüsefond
* 4 TL veganes Proteinpulver (20 g) (z. B. Mandelprotein)
* Himalajasalz
* Weißer Pfeffer aus der Mühle
* Ein paar Stängel Petersilie, frisch

## ZUBEREITUNG:

Die Champignons putzen und in Scheiben schneiden.

Das Kokosöl in einem Topf erhitzen. Champignons und Cashewkerne darin rundherum andünsten.

Den Gemüsefond angießen und die Suppe 10 Minuten köcheln lassen. Bei Bedarf noch etwas Wasser angießen. Mit einem Stand- oder Stabmixer fein pürieren.

Das vegane Proteinpulver einrühren und die Suppe mit Himalajasalz und weißem Pfeffer abschmecken.

Die Petersilie hacken.

Die Suppe in einem tiefen Teller anrichten und mit der gehackten Petersilie garnieren.

Zubereitungsdauer: 20 Minuten

# ZUCCHINIPASTA MIT WÜRZIGEM OFENHÄHNCHEN

**Nährwerte: 12,0 g Kohlenhydrate, 32,0 g Protein, 52,0 g Fett**

## ZUTATEN:

* 1 Stängel frisches Bohnenkraut
* 1 Stängel Rosmarin
* ½ TL Meersalz
* 1 Knoblauchzehe
* 2–3 EL Olivenöl
* Saft einer Bio-Zitrone
* 80 g Hähnchenbrust
* 400 g Zucchini (ca. 2 mittelgroße)
* 1 Prise Meersalz
* 1 Prise frisch gemahlener Pfeffer
* 20 g blanchierte gehobelte Mandeln

**Außerdem nötig:**
* Spiralschneider

## ZUBEREITUNG:

Bohnenkraut, Rosmarin und Meersalz in einem Mörser zerkleinern. Die Knoblauchzehe schälen, in den Mörser geben und zerdrücken. Die Hälfte des Olivenöls und den Zitronensaft dazugeben und mit den Kräutern zu einer Paste vermengen.

Die Hähnchenbrust mit der Marinade einreiben und mindestens 3 Stunden marinieren.

Den Backofen auf 220 °C Ober- und Unterhitze vorheizen. Die Hähnchenbrust mit der gesamten Marinade in eine Auflaufform geben und 30 Minuten backen. Dabei immer wieder die Marinade über das Fleisch streichen. Wird die Hähnchenbrust zu dunkel, die Temperatur auf 180 °C senken.

Während das Hähnchen im Backofen ist, die Zucchini waschen und die Enden abschneiden. Mit einem Spiralschneider in Spaghettiform schneiden. Die Zucchini-Spaghetti in eine Schüssel geben, gut salzen und 10 Minuten ziehen lassen.

Danach die ausgetretene Flüssigkeit abgießen, die Zucchini-Spaghetti in einem Sieb abbrausen und anschließend in einer Pfanne in etwas Wasser 2 Minuten bissfest dünsten. Das restliche Olivenöl dazugeben und die Zucchini-Spaghetti darin schwenken.

Nach dem Backen die Hähnchenbrust in 0,5 cm dicke Scheiben schneiden und mit der Zucchini-Pasta anrichten. Dafür mit Salz und Pfeffer abschmecken und mit Mandelblättchen garnieren. Wenn du möchtest, kannst du die Mandelblättchen für eine besondere Optik vorher in einer Pfanne ohne Fett goldbraun anrösten.

Zubereitungszeit: 45 Minuten (plus: mindestens 3 Stunden Marinierzeit)

# ASIATISCHER BLUMENKOHL-REIS MIT SCHWEINEFILETSTREIFEN

**Nährwerte: 12,0 g Kohlenhydrate, 32,0 g Protein, 52,0 g Fett**

## ZUTATEN:

* 200 g Blumenkohl (ca. 1/2)
* 35 g Kokosöl
* Meersalz
* 150 g Pak Choi (ca. 4 kleine)
* 100 g Schweinefilet
* 1 Knoblauchzehe
* 30 g Sesam
* 2 TL Coconut Aminos oder 4 TL Limettensaft
* ¼ TL Chili-Flocken
* 1 Prise frisch gemahlener Pfeffer

## ZUBEREITUNG:

Den Blumenkohl waschen und in Röschen teilen. Portionsweise (immer eine Handvoll) in einen Mixer oder einen Zerkleinerer geben und zu reiskorngroßen Stückchen verarbeiten. So entsteht Blumenkohl-Reis.

Die Hälfte des Kokosöls in einem kleinen Topf erhitzen und den Blumenkohl-Reis darin leicht andünsten. 2 EL Wasser hinzugeben und den Reis unter ständigem Rühren etwa 5 Minuten weich dünsten. Mit Meersalz würzen.

Vom Pak Choi den trockenen Strunk abschneiden. Den weißen Teil des Pak Chois quer in feine Streifen schneiden, die grünen Blätter beiseitelegen.

Das Schweinefilet mit einem scharfen Messer in sehr feine Streifen schneiden. Das restliche Kokosöl in einer Pfanne oder einem Wok erhitzen. Die Knoblauchzehe pressen und im Öl zusammen mit dem weißen Anteil des Pak Chois andünsten. Das Gemüse zum Rand schieben und die Schweinefiletstreifen rundherum anbraten. Den Sesam und die Coconut Aminos hinzugeben. Zuletzt die grünen Blätter des Pak Choi in die Pfanne geben und kurz mit andünsten.

Das Gemüse und Schweinefleisch mit dem Blumenkohlreis anrichten. Mit Chili-Flocken, Meersalz und frisch gemahlenem Pfeffer abschmecken.

Zubereitungszeit: 35 Minuten

**TIPP:** *Die Würzsauce Coconut Aminos ist eine gesündere Alternative zu Sojasauce. Du kannst sie in verschiedenen Shops online bestellen, die beispielsweise auf Rohkost spezialisiert sind.*

# KNUSPRIGE AUSTERNPILZE MIT BROKKOLIPÜREE

**Nährwerte: 12,0 g Kohlenhydrate, 32,0 g Protein, 52,0 g Fett**

## ZUTATEN:

* 180 g Brokkoli
  (ca. ½)
* 200 g Austernpilze
* 25 g Kokosöl
* 50 ml Kokosmilch
* 25 veganes Protein-
  pulver
* 1–2 EL Olivenöl
* 1 Prise getrockneter
  Koriander
* 1 Prise frisch
  gemahlener schwar-
  zer Pfeffer
* 1 Prise granulierter
  Knoblauch
* 1 Prise Kurkuma
* 1 Prise getrockneter
  Majoran
* 1 Prise Fleur de Sel

## ZUBEREITUNG:

Den Brokkoli waschen, in Röschen teilen und diese in einen Topf geben und mit Wasser bedecken. Das Wasser aufkochen und dann etwa 10 Minuten köcheln lassen.

Inzwischen die Austernpilze putzen. Das Kokosöl in einer Pfanne erhitzen und die Pilze darin 3–5 Minuten knusprig anbraten.

Den gekochten Brokkoli in einen Standmixer geben und zusammen mit der Kokosmilch und dem Proteinpulver pürieren. Wenn die Konsistenz zu fest ist, noch etwas vom Kochwasser hinzugeben, bis ein cremiges Püree entsteht. Mit dem Olivenöl, den Kräutern und Gewürzen abschmecken.

Das Püree mit den Austernpilzen anrichten. Die Pilze nochmals mit etwas Fleur Sel bestreuen und das Kokosöl aus der Pfanne darüberträufeln.

Zubereitungszeit: 25 Minuten

# SAFTIGER LACHSBURGER

**Nährwerte: 12,0 g Kohlenhydrate, 32,0 g Protein, 52,0 g Fett**

## ZUTATEN:

* 75 g Räucherlachs
* 1 Ei
* 1 EL Kokosmehl
* 1 Zweig Koriander
* 1 Prise feines
  Meersalz
* 1 Prise Chili-
  Flocken
* 2 EL Kokosmilch
* 145 g gelbe
  Paprikaschote
  (ca. 1)
* 200 g Riesen-
  Champignons
  (Portobello-Pilze)
* 70 g Avocado (ca. ½)
* 25 g Ghee
* 10 g Kokosöl
* etwas grobes
  Meersalz

## ZUBEREITUNG:

Den Räucherlachs fein hacken. Mit Ei und Kokosmehl vermengen. Den Korianderzweig waschen, trocken schütteln, die Blätter abzupfen, hacken und mit dem Meersalz und den Chili-Flocken in den Teig kneten. Die Hälfte der Kokosmilch untermischen.

Die Paprikaschote waschen, halbieren und entkernen. Erst in Streifen, dann in Würfel schneiden. Die Pilze putzen. Von zwei Pilzen nur die Stiele abschneiden und die Hüte beiseitelegen, die beiden Stiele und alle restlichen Pilze klein würfeln. Das Fruchtfleisch der Avocadohälfte in Scheiben schneiden.

Das Ghee in einer Pfanne erhitzen. Aus der Räucherlachsmasse ein Burger-Patty formen. Falls die Masse zu krümelig ist, noch etwas Kokosmilch hineingeben und einkneten. Das Burger-Patty im heißen Ghee auf jeder Seite etwa 90 Sekunden anbraten. Dann die Hitze reduzieren und bei geschlossenem Deckel noch 3 Minuten garen.

In einer anderen Pfanne die beiden Champignonhüte in etwas Wasser 4 Minuten bei mittlerer Hitze andünsten. Sie sollen leicht schrumpelig werden, aber nicht zu weich.

Das Burger-Patty aus der Pfanne nehmen. Kokosöl in die Pfanne geben und darin die gewürfelte Paprikaschote und die gewürfelten Pilze 3 Minuten anbraten. Wenn noch Kokosmilch übrig ist, hier dazugeben.

Zum Servieren das Lachs-Patty auf einem der Pilzhüte platzieren, mit den Avocadoscheiben belegen, mit grobem Meersalz bestreuen und mit dem zweiten Pilz zudecken. Das Paprika-Pilz-Gemüse mit Meersalz abschmecken und dazu servieren.

Zubereitungszeit: 30 Minuten

**TIPP:** *Jedes Kokosmehl bindet unterschiedlich viel Wasser. Mit der Menge der Kokosmilch kannst du die Konsistenz der Lachsmasse perfekt steuern.*

# LOW-CARB-RISOTTO MIT ZIEGENFRISCHKÄSE

**Nährwerte: 12,0 g Kohlenhydrate, 32,0 g Protein, 52,0 g Fett**

## ZUTATEN:

* 200 g Blumenkohl (ca. ½)
* 100 g Champignons
* 65 g Cocktail-tomaten (ca. 4)
* 1 kleine Schalotte
* 35 g Weidebutter
* 100 ml Gemüsefond
* 55 g Parmesan
* Himalaya-Salz
* 1 Prise frisch gemahlener schwarzer Pfeffer
* 65 g Ziegen-frischkäse
* einige Rucolablätter
* wenige Stiele Schnittlauch (optional)

## ZUBEREITUNG:

Das Gemüse waschen. Den Blumenkohl in Röschen teilen. Die Röschen im Mixer nach und nach zu Reiskorn-großen Stücken verarbeiten. Dazu immer nur eine Handvoll Blumenkohl auf einmal in den Mixer geben.

Die Champignons in Scheiben schneiden, die Tomaten vierteln. Die Schalotte schälen und fein hacken.

Die Hälfte der Butter in einer Pfanne auslassen, die Schalotte darin leicht anbräunen und den Blumenkohl-Reis dazugeben. 2 Minuten andünsten.

Den Gemüsefond angießen und den Blumenkohl darin etwa 5–8 Minuten garen, bis das Wasser komplett verdampft ist.

Den Parmesan reiben und unter das Risotto rühren. Gut mit Salz und Pfeffer abschmecken.

Die Champignons in der restlichen Butter anbraten. Das Risotto mit gebratenen Pilzen und Tomaten anrichten und mit dem Ziegenkäse verfeinern.

Schnittlauch und Rucolablättchen waschen, trocken schütteln, den Schnittlauch in Röllchen schneiden. Anschließend das Risotto damit dekorieren.

Zubereitungszeit: 30 Minuten

# BERGKÄSE-GNOCCHI MIT SPINAT

**Nährwerte: 12,0 g Kohlenhydrate, 32,0 g Protein, 52,0 g Fett**

## ZUTATEN:

* 75 g Bergkäse
* 2 Eigelbe
* 1 TL Guarkernmehl
* 1 Prise Ursalz
* 30 g Schalotte
* 135 g Spinat
  (ca. 4 Handvoll)
* 190 g gelbe Paprika
  (ca. 1½)
* 40 g Weidebutter
* 1 Prise frisch
  gemahlener Pfeffer

## ZUBEREITUNG:

Den Bergkäse fein reiben. Einen Topf mit Wasser zum Kochen bringen und eine metallene Schüssel daraufstellen, die den Topf verschließt. Den Käse im Wasserbad unter Rühren schmelzen. Die Schüssel vom Herd nehmen und etwas abkühlen lassen.

Dann die Eigelbe mit dem Käse vermengen, am besten eine Gabel dafür verwenden. Sobald sich eine homogene Masse gebildet hat, das Guarkernmehl einrühren. Die Schüssel für 15 Minuten in den Kühlschrank stellen.

Den Topf mit Wasser noch einmal erhitzen und das Wasser zum Kochen bringen. Diesmal gut salzen. Mit einem Teelöffel Nocken aus der Teigmasse stechen. Zwischen den Handflächen zu Kugeln rollen und dann zu Gnocchi formen. Kleinere Gnocchi bekommen eine bessere Konsistenz. Jedes der Klößchen mit einer Gabel eindrücken, sodass sich das typische Muster ergibt.

Die Gnocchi in das kochende Wasser gleiten lassen und so lange kochen, bis sie oben schwimmen. Dann mit einer Schaumkelle herausnehmen und auf einem Teller abtropfen lassen.

Die Schalotte schälen und fein hacken. Den Spinat waschen und in Streifen schneiden. Die Paprikaschoten waschen, halbieren, entkernen und die benötigte Menge in feine Würfel schneiden. Die Hälfte der Butter in einer Pfanne erhitzen. Die Schalottenwürfel darin glasig dünsten. Spinat und Paprika hinzugeben und 2 Minuten bei mittlerer Hitze andünsten. Mit Salz und Pfeffer würzen.

Das Gemüse zur Seite schieben und die restliche Butter in der Pfanne schmelzen. Nun die Gnocchi in die Pfanne geben und auf jeder Seite etwa eine Minute goldbraun anbraten.

Das Gemüse auf einen Teller geben, die Gnocchi dazu anrichten.

Zubereitungszeit: 60 Minuten

# VEGETARISCHE PAKORAS MIT CURRY-DIP

**Nährwerte: 12,1 g Kohlenhydrate, 32,2 g Protein, 50,7 g Fett**

## ZUTATEN:

* 225 g Zucchini
* 60 g Halloumi (halbfester Käse aus Zypern)
* 1 Ei
* Rosafarbenes Himalajasalz
* 4 TL Kokosmehl (20 g)
* 1+1 Prise mildes Currypulver
* 4 TL Kokosöl (20 g)
* Ein paar Stängel Koriander, frisch
* 50 g griechischer Joghurt

## ZUBEREITUNG:

Die Zucchini waschen und in fingerdicke Stücke schneiden. Den Halloumi in große Würfel schneiden.

Das Ei in eine Schüssel aufschlagen und mit einer Gabel verquirlen. Mit Salz würzen.

Das Kokosmehl in einen tiefen Teller geben und mit 1 Prise Currypulver vermischen.

Das Kokosöl in einer Pfanne erhitzen.

Nun die Zucchinischeiben und die Halloumiwürfel zuerst im Ei und dann im Kokosmehl wenden. Direkt im heißen Kokosöl knusprig goldbraun braten. Sollte noch Ei übrig sein, brate es in der Pfanne zu Rührei.

Den Koriander fein hacken. Den griechischen Joghurt mit einem Schuss Wasser, etwas Currypulver und dem gehackten Koriander verrühren.

Die vegetarischen Pakoras mit dem Dip anrichten.

Zubereitungsdauer: 25 Minuten

# GARNELENSPIESSE MIT LIMETTEN-MARINADE

**Nährwerte: 11,9 g Kohlenhydrate, 31,9 g Protein, 51,1 g Fett**

## ZUTATEN:

* 1 Knoblauchzehe
* Ein paar Stängel Koriander, frisch
* 1 Bio-Limette, Schalenabrieb und Saft
* 2 TL Olivenöl
* 130 g Garnelen
* 280 g Cocktailtomaten
* 30 g Feldsalat
* 120 g Avocado (1 kleine)
* 1 Prise Chiliflocken
* Meersalz
* 2 TL Kokosöl (10 g)
* Ein paar Stängel frische Petersilie, gehackt, zum Garnieren

## ZUSÄTZLICH:

* Schaschlikspieße

## ZUBEREITUNG:

Die Knoblauchzehe schälen und durchpressen oder fein hacken.

Den Koriander fein hacken.

Den Knoblauch, den Limettenabrieb, die Hälfte des Limettensafts und den gehackten Koriander mit dem Olivenöl vermischen.

Die Garnelen abwaschen, mit Küchenkrepp trocken tupfen und in einer Schale mit der Marinade vermengen.

Die Cocktailtomaten waschen und halbieren.

Den Feldsalat waschen, putzen, auf einem Teller anrichten und die frische Petersilie darüberstreuen.

Für eine schnelle Guacamole das Fruchtfleisch der Avocado mit einer Gabel zerdrücken. Mit Chiliflocken, Meersalz und dem restlichen Limettensaft würzen.

Die Garnelen auf Schaschlikspieße stecken, die restliche Marinade über den Salat träufeln.

Das Kokosöl in einer großen Pfanne erhitzen. Die Cocktailtomaten in der Pfanne andünsten und nach 1 Minute wenden. Die Tomaten an den Rand der Pfanne schieben und die Garnelenspieße im verbliebenen Fett auf beiden Seiten 1–2 Minuten anbräunen.

Garnelenspieße, gedünstete Tomaten und Feldsalat dekorativ auf Tellern anrichten, die schnelle Guacamole dazu reichen.

Zubereitungsdauer: 15 Minuten

# ZUCCHINI-PASTA MIT FENCHEL UND KÜRBISKERNEN

**Nährwerte: 11,9 g Kohlenhydrate, 31,1 g Protein, 51,1 g Fett**

## ZUTATEN:

* 320 g Zucchini
* 100 g Fenchel
* Meersalz
* 40 g Kürbiskerne
* 2 EL Olivenöl
* 15 g veganes Proteinpulver (z. B. Kürbiskernprotein)

**Zusätzlich:**
* Spiralschneider

## ZUBEREITUNG:

Die Zucchini und den Fenchel waschen und putzen. Die Zucchini mit einem Spiralschneider zu „Spaghetti" verarbeiten. Gut salzen und beiseitestellen.

Den Fenchel sehr fein würfeln.

Die Kürbiskerne grob hacken und in einer Pfanne ohne Fett kurz anrösten, bis sie aromatisch duften.

In einem Mixer Olivenöl, Proteinpulver, die Hälfte der Kürbiskerne und eine kleine Handvoll vom fein gewürfelten Fenchel zu einer sämigen Sauce verarbeiten. Bei Bedarf noch etwas Wasser hinzugeben. Mit Meersalz abschmecken.

Das Salz von der Zucchini-Pasta abspülen. Die „Zoodles" in einen Topf geben und den Boden 1 Zentimeter hoch mit Wasser bedecken. Die Zucchini-Spaghetti unter Rühren andünsten, bis sie etwas weicher, aber noch angenehm bissfest sind – das dauert etwa 5 Minuten. Bei Bedarf noch etwas Wasser angießen, sodass der Topfboden immer leicht bedeckt ist.

Wenn die Zucchini einen angenehmen Biss haben, verbliebenes Wasser abgießen. Die Sauce mit zu den Zucchini geben und alles erhitzen.

Die Pasta auf einem Teller anrichten. Mit den restlichen feinen rohen Fenchelwürfeln und den übrigen gerösteten Kürbiskernen garnieren.

Zubereitungsdauer: 25 Minuten

# LAMM & GEMÜSE AUS DEM OFEN

**Nährwerte: 12,0 g Kohlenhydrate, 31,3 g Protein, 52,1 g Fett**

## ZUTATEN:

* 160 g Okraschoten
* 160 g Aubergine
* Paprikapulver, edelsüß
* Kreuzkümmel (Cumin), gemahlen
* Fleur de Sel
* 2 EL Olivenöl
* 1 EL Butterschmalz
* 1 Rosmarinzweig
* 100 g Lammfilet

## ZUBEREITUNG:

Den Backofen auf 200 °C Umluft (220 °C Ober-/Unterhitze) vorheizen.

Die Okraschoten und die Aubergine waschen.

Die Enden der Okraschoten abschneiden und die Schoten längs halbieren.

Die Aubergine putzen und fein würfeln.

Ein Backblech mit Backpapier belegen und das Gemüse darauf verteilen.

Mit Paprikapulver, Kreuzkümmel und Fleur de Sel würzen und mit dem Olivenöl beträufeln. Alles gut durchmischen und 20 Minuten im Ofen garen.

In den letzten Minuten das Butterschmalz in einer Pfanne erhitzen. Den Rosmarinzweig in das Fett legen.

Das Lammfilet mit Fleur de Sel würzen und in der Pfanne rundherum scharf anbraten. Anschließend 5 Minuten ruhen lassen.

Das Lammfilet mit dem Gemüse servieren. Das Butterschmalz aus der Pfanne mit über das Gemüse träufeln.

Zubereitungsdauer: 30 Minuten

# RINDERCARPACCIO
# MIT PARMESAN UND RUCOLA

**Nährwerte: 11,9 g Kohlenhydrate, 31,5 g Protein, 49,8 g Fett**

## ZUTATEN:

* 25 g Pinienkerne
* 300 g Cocktail-
  tomaten
* 60 g Rucola
* 40 g Rinder-
  carpaccio (hauch-
  dünn geschnittenes
  Rinderfilet)
* 30 g Parmesan
* 5 TL Olivenöl
* Fleur de Sel
* Schwarzer Pfeffer
  aus der Mühle

## ZUBEREITUNG:

Die Pinienkerne in einer Pfanne ohne Fett goldbraun anrösten.

Die Cocktailtomaten und den Rucola waschen. Die Cocktailtomaten vierteln. Den Rucola abtropfen lassen.

Die Rinderfiletscheiben auf einem Teller auslegen. Eine Handvoll Rucola in der Mitte anrichten. Die Pinienkerne über das Carpaccio streuen.

Den Parmesan in feine Späne hobeln und auf dem Carpaccio verteilen.

Die Tomatenviertel in einer Schüssel mit dem restlichen Rucola vermengen. Die Hälfte des Olivenöls mit den Tomatenvierteln vermischen, anschließend mit Fleur de Sel und frisch gemahlenem Pfeffer würzen.

Das restliche Olivenöl über das Carpaccio träufeln und ein bisschen Fleur de Sel darauf verteilen.

Zubereitungsdauer: 10 Minuten

**TIPP:** *Rindercarpaccio findest du abgepackt in einigen Supermärkten. Doch besser lässt du es an der Metzgertheke fein aufschneiden. Wenn du das Rinderfilet selbst aufschneiden möchtest, frierst du es zuvor etwas an: Lagere das Filet eine Stunde im Gefrierfach. Danach kannst du es mit einem sehr scharfen Messer hauchdünn aufschneiden.*

# ÜBERBACKENER SPITZKOHL

**Nährwerte: 12 g Kohlenhydrate, 31,9 g Protein, 51,6 g Fett**

## ZUTATEN:

* 310 g Spitzkohl
* 3 TL Olivenöl
* Himalajasalz
* Cayennepfeffer
  (nach Geschmack)
* 115 g Gouda
* 2 EL Wasser
* 60 g Blaubeeren

**Zusätzlich:**
* Auflaufform

## ZUBEREITUNG:

Den Backofen auf 200 °C Umluft (220 °C Ober-/Unterhitze) vorheizen.

Den Spitzkohl waschen, putzen und in feine Streifen schneiden.

Das Olivenöl in einer Pfanne erhitzen und die Spitzkohlstreifen darin 4–6 Minuten andünsten, bis sie langsam weich werden. Dabei mit einem Kochlöffel regelmäßig wenden. Mit Himalajasalz und Cayennepfeffer würzen.

Den Gouda fein reiben.

Den gedünsteten Spitzkohl und den geriebenen Gouda in einer Auflaufform vermengen. Zusätzlich 2 EL Wasser in die Auflaufform geben, damit der Spitzkohl nicht zu trocken wird.

10 Minuten im vorgeheizten Backofen goldbraun überbacken.

Die Blaubeeren gibt es als Dessert.

Zubereitungsdauer: 20 Minuten

# REZEPTE

## PHASE 2

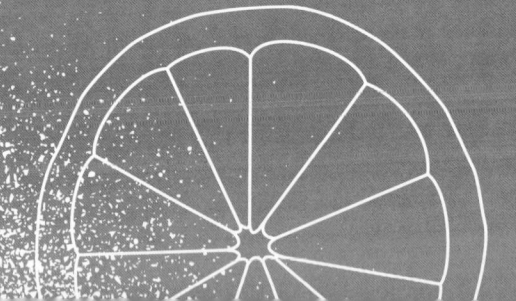

# BURN THE FAT

---

# DAS FRÜHSTÜCK

---

Obstliebhaber freuen sich in Phase 2 auf das noch fruchtigere
Frühstück – zum Beispiel in Form von Blaubeer-Pancakes.
Für ein besonders schnelles Frühstück, das du auch
wunderbar mitnehmen kannst, liefern Nuss-Nougat-Shake
und Curcuma Latte alle nötigen Nährstoffe.

# MINI-QUICHES MIT GOUDA UND TOMATEN

**Nährwerte: 10,0 g Kohlenhydrate, 16,2 g Protein, 24,5 g Fett**

## ZUTATEN:

* 80 g Cocktail-
  tomaten
* 35 g Gouda
* 5 TL Sahne (25 ml)
* 1 Ei
* Himalajasalz
* Cayennepfeffer
* 100 g Blaubeeren

**Zusätzlich:**

* 1 kleine Tarteform
  oder 4 kleine Muf-
  finförmchen

## ZUBEREITUNG:

Den Backofen auf 180 °C Umluft (200 °C Ober-/Unterhitze) vorheizen.

Die Cocktailtomaten waschen und vierteln.

Den Gouda fein reiben.

In einer Schüssel den geriebenen Gouda mit der Sahne und dem
Ei verquirlen. Mit Salz und Cayennepfeffer abschmecken.

Die Cocktailtomaten mit der Eimasse vermischen und die Masse
in der Tarteform oder auf die Muffinförmchen verteilen.

20 Minuten im Backofen stocken lassen.

Die Mini-Quiches warm oder kalt genießen.

Dazu gibt es frische Blaubeeren.

Zubereitungsdauer: 25 Minuten

# GERÖSTETE KAROTTEN MIT POCHIERTEM EI

**Nährwerte: 10,0 g Kohlenhydrate, 16,0 g Protein, 24,0 g Fett**

## ZUTATEN:

* 120 g Karotte (ca. 1)
* 2 TL Olivenöl
* 1 Prise getrockneter Thymian
* 1 Prise granulierter Knoblauch
* 1 Prise Piment
* 1 Prise Kurkuma
* 1 Prise frisch gemahlener schwarzer Pfeffer
* Himalaya-Salz
* 2 Eier
* 1 TL Apfelessig
* 5 g Kokosöl

## ZUBEREITUNG:

Den Backofen auf 200°C Umluft vorheizen.

Die Karotte in Scheiben schneiden. Mit dem Olivenöl und den Gewürzen mischen. Die Karottenscheiben auf ein mit Backpapier belegtes Blech legen und 15–20 Minuten im Ofen rösten, bis sie angenehm angebräunt sind.

Während die Karotte im Ofen ist, die Eier pochieren. Dazu in einem ausreichend hohen Topf Wasser zum Kochen bringen und salzen. Den Apfelessig hinzugeben und die Temperatur verringern, bis das Wasser nur noch simmert. Die Eier einzeln aufschlagen und jedes in eine kleine Tasse gleiten lassen.

Nun mit einer Gabel im Wasser rühren, sodass ein Strudel entsteht. Schnell ein Ei vorsichtig aus der Tasse in die Mitte des Strudels gleiten lassen. Nach 3 Minuten mit einem Schaumlöffel aus dem Wasser heben und das zweite Ei ebenfalls auf diese Weise pochieren.

Die Karottenscheiben auf einem Teller mit den pochierten Eiern anrichten. Das Kokosöl auf dem Gericht schmelzen lassen und alles mit Salz abschmecken.

Zubereitungszeit: 30 Minuten

**TIPP:** *Der Essig verbessert die Eiweißgerinnung und der Strudel im Wasser sorgt dafür, dass die Eimasse zusammengehalten wird. Du kannst auch zwei Eier gleichzeitig pochieren: Warte dafür, bis das erste Ei etwas abgesunken ist, bilde dann mit der Gabel noch einen Strudel und lass das zweite Ei hineingleiten.*

# ERDBEER-MANGOLD-SMOOTHIE

**Nährwerte: 10,0 g Kohlenhydrate, 16,0 g Protein, 24,0 g Fett**

**ZUTATEN:**

* 50 g Baby-Mangold (ca. 1 Handvoll)
* 80 g Erdbeeren (ca. 4)
* 135 ml Kokosmilch
* 15 g veganes Proteinpulver
* etwas Mineralwasser mit Kohlensäure
* 1 Zweig Minze (optional)

**ZUBEREITUNG:**

Den Mangold und die Erdbeeren waschen. Die Erdbeeren putzen und halbieren.

Mangold, Erdbeeren und Kokosmilch in einen Mixer geben und pürieren. Wenn die Konsistenz zu fest wird, etwas Mineralwasser angießen. Das Proteinpulver einrühren und bei Bedarf noch etwas Wasser dazugeben, sodass der Smoothie cremig und dennoch flüssig ist.

In einem hohen Glas anrichten und mit der Minze garnieren.

Zubereitungszeit: 5 Minuten

# FOODPUNK-OATMEAL KOKOS

**Nährwerte: 10,0 g Kohlenhydrate, 16,0 g Protein, 24,0 g Fett**

## ZUTATEN:

* 10 g Kokosmehl
* 15 g Kokosraspel
* 10 g Leinsamen
* 100 ml Wasser
* 15 g veganes
  Proteinpulver
* 60 g Pfirsich (ca. ½)
* 4 EL Kokosmilch
* ¼ TL Zimt
* 1 TL Erythrit

## ZUBEREITUNG:

Das Kokosmehl, die Kokosraspel und die Leinsamen in einen Mixer geben und kurz schroten.

Das entstandene Mehl in einen Topf geben, mit dem Wasser begießen und 2 Minuten quellen lassen. Wenn nötig, noch etwas mehr Wasser angießen, bis eine breiige Konsistenz erreicht ist. Das Oatmeal bei mittlerer Hitze sanft erhitzen. Wenn das Oatmeal warm ist, das Proteinpulver einrühren.

Den Pfirsich waschen, halbieren, entkernen, die Haut abziehen und das Fruchtfleisch in kleine Würfel schneiden. Die Pfirsichwürfel zusammen mit der Kokosmilch etwa 4 Minuten in einem Topf erhitzen.

Das Oatmeal mit Zimt und Erythrit würzen und mit dem Kokos-Pfirsich garnieren.

Zubereitungszeit: 10 Minuten

# EASY BLAUBEER-MUFFINS

**Nährwerte: 10,0 g Kohlenhydrate, 16,0 g Protein, 24,0 g Fett**

## ZUTATEN:

* 85 g Heidelbeeren
* 2 Eier
* 5 g Kokosmehl
* 15 g Kokosraspel
* ½ TL glutenfreies Weinsteinback-pulver

**Außerdem nötig:**

* Muffinformen

## ZUBEREITUNG:

Den Backofen auf 180 °C Umluft vorheizen.

Die Heidelbeeren waschen. Die Eier in eine Schüssel aufschlagen und verquirlen.

In einer zweiten Schüssel das Kokosmehl, die Kokosraspel und das Backpulver vermischen. Dann die trockenen Zutaten unter die Eier rühren. Zuletzt die Heidelbeeren unterheben.

Den Teig auf 4 Muffinförmchen verteilen (sie dürfen bis 1 cm unter den Rand gefüllt sein) und im Backofen 12 Minuten lang backen. Danach kurz abkühlen lassen.

Zubereitungszeit: 20 Minuten

**TIPP:** *Besonders gut lassen sich die Muffins aus Silikon-Förmchen lösen. Leider enthalten Backformen aus Silikon meist Weichmacher. Halte darum Ausschau nach Förmchen aus BPA-freiem Plastik oder aus Papier.*

# KOKOSJOGHURT MIT HIMBEEREN

**Nährwerte: 10,0 g Kohlenhydrate, 16,0 g Protein, 24,0 g Fett**

**ZUTATEN:**

* 125 g Himbeeren
* 130 g ungesüßter Kokosjoghurt (mit weniger als 5 g KH/100 g)
* 15 g veganes Proteinpulver
* 1 EL Mineralwasser mit Kohlensäure
* 1 Prise gemahlene Bourbon-Vanille
* 1 TL Erythrit

**ZUBEREITUNG:**

Die Himbeeren waschen.

Den Kokosjoghurt mit dem Proteinpulver und dem Mineralwasser verrühren. Dann Vanille und Erythrit einrühren.

Den Joghurt mit den Himbeeren garnieren.

Zubereitungszeit: 5 Minuten

**TIPP:** *Mit Joghurtkulturen (erhältlich online oder im Bioladen) kannst du Kokosjoghurt selbst herstellen. Halte dich dazu einfach an die Anleitung, die bei den Joghurtkulturen angegeben ist. Normalerweise muss die (Kokos-)Milch kurz aufgekocht und dann auf etwa 30 Grad abgekühlt werden. Anschließend werden die Kulturen eingerührt und der Joghurt darf sich an einem warmen Ort über Nacht entwickeln. Damit er etwas fester wird, kannst du am Ende noch etwas Guarkernmehl hinzugeben.*

# GRIECHISCHER JOGHURT MIT PAPAYA

**Nährwerte: 10,0 g Kohlenhydrate, 16,0 g Protein, 24,0 g Fett**

## ZUTATEN:

* 125 g griechischer Joghurt
* 15 g Molkenproteinpulver
* 10 g MCT-Öl
* Mineralwasser mit Kohlensäure (optional)
* 1 TL Erythrit
* 65 g Papaya (ca. ¼)

## ZUBEREITUNG:

Den Joghurt mit dem Proteinpulver und dem MCT-Öl verrühren. Wenn die Konsistenz zu fest wird, die Creme mit etwas Mineralwasser geschmeidig rühren. Mit Erythrit abschmecken.

Die Papaya halbieren, die Kerne entfernen und das Fruchtfleisch mit einem Teelöffel in Nocken stechen.

Den Joghurt in einer Schüssel anrichten und mit den Papayanocken garnieren.

Zubereitungszeit: 5 Minuten

# GEFÜLLTE EIER – DEVILED EGGS

Nährwerte: 9,9 g Kohlenhydrate, 15,7 g Protein, 22,4 g Fett

## ZUTATEN:

* 2 Eier
* 1 EL Mayonnaise (15 g) (ohne Zucker und Zusatzstoffe)
* ½ TL Dijonsenf
* 1 TL Apfelessig
* 1 Prise Muskat, gerieben
* 1 Prise Paprikapulver, edelsüß
* 1 TL Kapern
* Ein paar Schnittlauchhalme
* 250 g Cocktailtomaten
* Meersalz
* Schwarzer Pfeffer aus der Mühle

**Optional:**
* Eierkocher

## ZUBEREITUNG:

Die Eier im Eierkocher oder in kochendem Wasser 10 Minuten hart kochen. Kalt abschrecken.

Die Eier pellen und längs halbieren. Die Eigelbe mit einem Teelöffel herauslösen und in eine Schüssel geben.

Die Mayonnaise, den Dijonsenf, den Apfelessig und je eine Prise der Gewürze zu den Eigelben geben und alles glatt rühren. Die Kapern unterheben.

Die Eihälften auf einem Teller anrichten, die Eigelb-Gewürz-Masse in die Mulden füllen.

Etwas Schnittlauch in dünne Röllchen schneiden und die gefüllten Eier damit garnieren.

Die Cocktailtomaten halbieren, mit Salz und Pfeffer bestreuen und mit den Eiern anrichten.

Zubereitungsdauer: 15–20 Minuten

**TIPP:** *Wenn du dieses Frühstück mehrmals verzehren willst, lohnt es sich, gleich mehrere Eier hart zu kochen. Sie halten sich im Kühlschrank etwa 3 Tage.*

# NUSS-NOUGAT-SHAKE

**Nährwerte: 9,8 g Kohlenhydrate, 14,5 g Protein, 23,3 g Fett**

**ZUTATEN:**

* 40 g Banane
  (1 Mini-Banane)
* 2 EL Sahne (30 ml)
* 2 EL Haselnüsse
  (20 g)
* 1 TL Kakaopulver
* 150 ml Wasser
* 2 TL Collagen-
  Proteinpulver

**ZUBEREITUNG:**

Die Banane zusammen mit der Sahne, den Haselnüssen, dem Kakaopulver und dem Wasser in einen leistungsstarken Mixer geben. Etwa 3 Minuten auf höchster Stufe fein pürieren.

Dann das Collagen-Proteinpulver einrühren und genießen.

Zubereitungsdauer: 5 Minuten

**TIPP:** *Ein leistungsstarker Mixer kommt auch mit ganzen Haselnüssen gut klar. Falls du es dir einfacher machen möchtest, kannst du statt der ganzen Nüsse dieselbe Menge Haselnussmus verwenden.*

---

# CURCUMA LATTE – GOLDENE MILCH

**Nährwerte: 10,0 g Kohlenhydrate, 17,0 g Protein, 25,7 g Fett**

**ZUTATEN:**

* 100 ml Kokosmilch
* 150 ml Wasser
* ½ TL + 1 Prise Kur-
  kumapulver
* ¼ TL Ceylonzimt,
  gemahlen
* 1 TL Kokosöl (5 g)
* 5 TL veganes Pro-
  teinpulver (25 g)
* 1 TL Xylit (Birken-
  zucker) (optional)
* 90 g Erdbeeren

**ZUBEREITUNG:**

Die Kokosmilch in einem Topf mit dem Wasser mischen.

Das Kurkumapulver, den Zimt und das Kokosöl einrühren und die Mischung einmal aufkochen lassen.

Die Mischung vom Herd nehmen und das Proteinpulver einrühren. Nach Geschmack noch mit etwas Xylit süßen.

Das Getränk in einer Tasse oder einem hitzebeständigen Glas anrichten und etwas Kurkumapulver darüberstäuben.

Die Erdbeeren waschen und dazu genießen.

Zubereitungsdauer: 5 Minuten

**TIPP:** *Für schöne Schichten im Stil eines Latte macchiato kannst du die Kokosmilch separat erhitzen und aufschäumen. Gieße dann erst das heiße Wasser, das du mit den Gewürzen aufgekocht und mit Protein-pulver und Xylit gepimpt hast, in ein hitzefestes Glas. Anschließend gießt du die geschäumte Kokosmilch hinein, vorsichtig, um einen tollen „Macchiato"-Effekt zu erzielen.*

# SAFTIGE PANCAKES MIT BLAUBEEREN

**Nährwerte: 9,9 g Kohlenhydrate, 16,1 g Protein, 22,6 g Fett**

## ZUTATEN:

* 2 Eier
* 2 TL Kokosmehl
* ½ TL Weinstein-
  backpulver
* 2 TL Kokosöl
* 100 g Blaubeeren
* 1 TL Xylit (Birken-
  zucker) (optional)

## ZUBEREITUNG:

Die Eier trennen und das Eiweiß aufschlagen. Es sollte nicht komplett steif, nur etwas luftig sein, damit die Pancakes hinterher fluffig werden, aber gleichzeitig schön saftig sind. Das Eigelb vorsichtig unterziehen.

Das Kokosmehl mit dem Backpulver vermischen und über die Ei-Mischung sieben. Vorsichtig unterheben.

Das Kokosöl in einer Pfanne erhitzen. Den Herd auf mittlere Hitze einstellen.

Von einem Löffel Teig kreisförmig in die Pfanne laufen lassen – für einen Pancake mit etwa 10 Zentimeter Durchmesser.

Lass den Teig so lange auf einer Seite garen, bis sich oben kleine Bläschen bilden und du siehst, dass der Teig fest wird. Dann dreh den Pancake vorsichtig mit einem Pfannenwender um und back ihn auf der anderen Seite noch etwa 1 Minute goldbraun. Verarbeite den restlichen Teig auf dieselbe Weise und halte die fertigen Pancakes in der Zwischenzeit schön warm.

Die Pancakes mit Blaubeeren garnieren und mit Xylit bestäuben.

Zubereitungsdauer: 10–15 Minuten

**SCHON GEWUSST?** *Xylit gibt es auch in pudriger Form – wie Puderzucker. Du kannst den „Puder" aber auch ganz einfach selbst machen, indem du eine Portion Xylit in einen leistungsstarken Mixer gibst und es fein vermahlst.*

**TIPP:** *Wenn du zu deinen Pancakes lieber eine Blaubeersauce haben möchtest, kannst du die Blaubeeren in einem Topf mit 2 EL Wasser kurz andünsten, bis sie zerfallen. Ich mag sie am liebsten gemischt – dazu dünste ich die Hälfte der Blaubeeren an und gebe die andere Hälfte frisch dazu.*

# KOKOS-CHIA-PUDDING MIT FRÜCHTEN

**Nährwerte: 9,9 g Kohlenhydrate, 14,8 g Protein, 24,3 g Fett**

## ZUTATEN:

* 20 g Chia-Samen
* 90 ml Kokosmilch
* 4 EL Wasser
* 3 TL veganes Proteinpulver (15 g)
* 2 TL Xylit (Birkenzucker) (optional)
* 70 g Papaya

## ZUBEREITUNG:

Die Chia-Samen in einer Schüssel mit der Kokosmilch und dem Wasser vermengen. In den Kühlschrank stellen und über Nacht einweichen lassen.

Am Morgen das Proteinpulver einrühren und den Pudding nach Belieben mit Xylit abschmecken.

Das Papayafruchtfleisch würfeln und auf dem Pudding anrichten.

Zubereitungsdauer: 10 Minuten (plus Einweichen über Nacht)

# SCHOKOPORRIDGE MIT NASHIBIRNE

**Nährwerte: 9,9 g Kohlenhydrate, 15,0 g Protein, 23,6 g Fett**

## ZUTATEN:

* 2 TL Kokosmehl
* 2 EL Kokosraspel (15 g)
* 2 TL Leinsamen (10 g)
* 1 TL Kakaopulver
* 100 ml Wasser
* 40 ml Kokosmilch
* 3 TL veganes Proteinpulver (15 g)
* Xylit (Birkenzucker) (optional)
* 50 g Nashibirne (etwa ¼ Frucht)

## ZUBEREITUNG:

Das Kokosmehl, die Kokosraspel, die Leinsamen und das Kakaopulver in einen Mixer geben und kurz schroten.

Diese Porridge-Grundlage in einen Topf geben und das Wasser zusammen mit der Kokosmilch angießen. Das Porridge leicht erhitzen und 2 Minuten quellen lassen.

Das Proteinpulver einrühren und das Porridge nach Geschmack mit Xylit süßen.

Die Nashibirne fein würfeln und auf dem Porridge anrichten.

Zubereitungsdauer: 10 Minuten

**TIPP:** *Die restliche Nashibirne kannst du wunderbar für das Rezept auf Seite 140 „Kohlrabisalat mit Bergkäse" verwenden.*

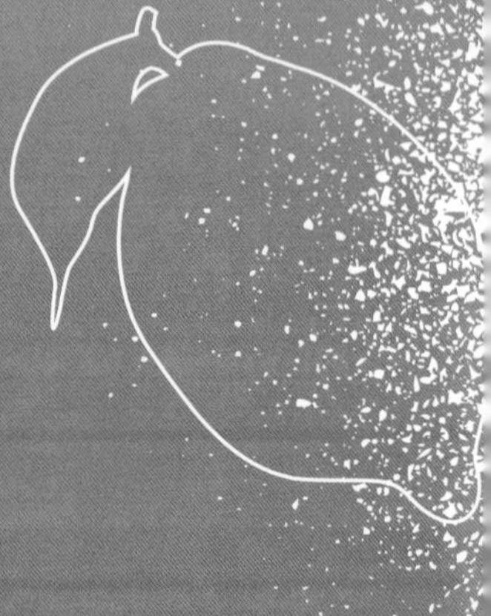

# BURN THE FAT

---

# MITTAGESSEN TO GO

---

Die Rezepte aus Phase 2 versorgen dich mit Energie und Vitaminen.
Besonders leicht mitzunehmen sind die Foodpunk-Salate und
-Suppen. Genieße würzige Brokkoli-Lauch-Suppe, Kohlrabisalat
mit Bergkäse oder Sushi-Burritos.

# BROKKOLI-LAUCH-SUPPE

**Nährwerte: 20,1 g Kohlenhydrate, 32,6 g Protein, 50,1 g Fett**

## ZUTATEN:

* 200 g Lauch
* 130 g Brokkoli
* 2 TL Kokosöl
* 200 ml Kokosmilch (ohne Zusätze)
* 7 TL Kürbiskern-Proteinpulver (35 g)
* 1 Prise Muskat, frisch gerieben
* Meersalz
* Schwarzer Pfeffer aus der Mühle

## ZUBEREITUNG:

Den Lauch und den Brokkoli waschen.

Den Lauch in feine Ringe schneiden. Den Brokkoli fein hacken (um die Garzeit zu verkürzen).

Das Kokosöl in einem Topf erhitzen und den Lauch darin andünsten, bis er aromatisch duftet.

Den Brokkoli dazugeben und rundherum andünsten.

Das Gemüse knapp mit Wasser bedecken und 15 Minuten köcheln lassen. Die Kokosmilch angießen und die Suppe mit dem Stabmixer pürieren.

Das Kürbiskern-Proteinpulver in die Suppe einrühren.

Die Suppe mit einer Prise Muskat, Salz und frisch gemahlenem Pfeffer würzen. Anrichten und genießen.

Zubereitungsdauer: 25 Minuten

# FRITTATA MIT TOMATE UND FETA

**Nährwerte: 20,0 g Kohlenhydrate, 32,0 g Protein, 48,0 g Fett**

## ZUTATEN:

* 125 g Karotte (ca. 1)
* 200 g Cocktail-
  tomaten (ca. 10)
* 65 g Feta
* 15 g Ghee
* 3 Eier
* 2 TL Kokosmilch
* 1 Prise Meersalz
* 1 Prise frisch
  gemahlener Pfeffer
* ¼ TL getrockneter
  oder frischer Salbei

## ZUBEREITUNG:

Den Backofen auf 180 °C Umluft vorheizen.

Die Karotte waschen, die Enden abschneiden und die Karotte fein raspeln. Die Cocktailtomaten waschen und vierteln. Den Feta würfeln.

Das Ghee in einer ofenfesten Pfanne erhitzen und die Karottenraspel darin 1 Minute andünsten.

Die Eier in eine Schüssel aufschlagen und mit der Kokosmilch verquirlen. Mit Salz, Pfeffer und Salbei würzen.

Die gedünsteten Karottenraspel in der Pfanne flach drücken und die Eimasse darübergießen. Die Cocktailtomaten und die Feta-würfel darauf verteilen.

Die Pfanne für 10–15 Minuten in den Ofen stellen, bis das Ei gestockt und der Feta leicht angebräunt ist.

Die Frittata vierteln, mit einem Pfannenwender aus der Pfanne lösen und auf einem Teller anrichten. Nach Belieben noch mit einigen Salbeiblättern garnieren und mit Salz und Pfeffer abschmecken.

Zubereitungszeit: 30 Minuten

# FENCHELSUPPE MIT BACON

**Nährwerte: 20,0 g Kohlenhydrate, 32,0 g Protein, 48,0 g Fett**

**ZUTATEN:**

* 200 g Fenchel (ca. 1 Knolle)
* 100 g Lauch (ca. ¼ Stange)
* 50 g weiße Süßkartoffel
* 200 ml Gemüsefond
* 1 Prise Meersalz
* 1 Prise frisch gemahlener Pfeffer
* 115 g Bacon
* 15 g Bresaola-Schinken (1–2 Scheiben)

**ZUBEREITUNG:**

Den Fenchel waschen und die holzigen Enden abschneiden. Grob würfeln.

Den Lauch waschen, die Erde gut entfernen und die Enden abschneiden. In feine Röllchen schneiden.

Die Süßkartoffel schälen und fein würfeln.

Das Gemüse in einen Topf geben und bei geringer Hitze langsam „im eigenen Saft" anschwitzen.

Den Gemüsefond angießen und alles 15–20 Minuten köcheln lassen, bis das Gemüse weich ist. Mit dem Mixer oder Pürierstab zu einer sämigen Suppe verarbeiten. Bei Bedarf noch etwas heißes Wasser hinzu geben. Dann die Suppe mit Meersalz und frisch gemahlenem Pfeffer abschmecken.

Während die Suppe kocht, den Bacon würfeln, in einer Pfanne auslassen und im eigenen Fett knusprig anbraten. Die Suppe mit knusprigen Bacon-Würfeln und Bresaola-Scheiben anrichten.

Zubereitungszeit: 35 Minuten

**TIPP:** *Süßkartoffeln gibt es in drei Farben: orange, weiß und lila. Hinsichtlich der Nährwerte unterscheiden sie sich nicht. In dieser Suppe sorgt die weiße Süßkartoffel – die interessanterweise eine lila Schale hat! – für eine schönere Farbe.*

# ZUCCHINI-BÄRLAUCH-SAHNE-SUPPE

**Nährwerte: 20,0 g Kohlenhydrate, 32,0 g Protein, 48,0 g Fett**

## ZUTATEN:

* 20 g Bärlauch
  (1 kleine Handvoll)
* 30 g Schalotte
  (1 kleine)
* 40 g weiße
  Süßkartoffel
  (1 kleines Stück)
* 215 g Zucchini
  (ca. 1 mittelgroße)
* 10 g Weidebutter
* 30 g Molken-
  proteinpulver
* 120 g Sahne
* 1 Prise Ursalz
* 1 Prise frisch
  gemahlener weißer
  Pfeffer

## ZUBEREITUNG:

Den Bärlauch waschen, trocknen, einen kleinen Teil zum Garnieren beiseitelegen. Die Schalotte schälen. Beides fein hacken.

Die Süßkartoffel schälen und in Würfel schneiden. Die Zucchini waschen, die Enden abschneiden, die Zucchini ebenfalls würfeln.

Die Butter in einem Topf erhitzen und die Schalotte darin glasig dünsten. Den Bärlauch hinzufügen und kurz mitschwenken.

Die Gemüsewürfel dazugeben und mit Wasser bedecken. 15 Minuten köcheln lassen, dann mit dem Passierstab pürieren.

Zum Schluss das Proteinpulver und die Sahne einrühren. Die Suppe mit Salz und Pfeffer abschmecken und mit dem restlichen Bärlauch dekorieren.

Zubereitungszeit: 30 Minuten

# SUPERFOOD-SALAT

**Nährwerte: 20,0 g Kohlenhydrate, 32,0 g Protein, 48,0 g Fett**

## ZUTATEN:

* 80 g Feldsalat
  (ca. 2 Handvoll)
* 80 g Avocado (ca. ½)
* 80 g Heidelbeeren
* 30 g Granatapfel-
  kerne
* 2 EL Olivenöl
* 2 EL Limettensaft
* 1 Prise Himalaya-
  Salz
* 1 Prise frisch
  gemahlener rosa
  Pfeffer
* 30 g veganes
  Proteinpulver
* 1 TL Erythrit

## ZUBEREITUNG:

Den Feldsalat waschen und trocken schütteln. Die Avocado halbieren, das Fruchtfleisch vom Kern lösen und in Würfel schneiden. Die Heidelbeeren waschen. Den Granatapfel aufschneiden und die Kerne auslösen.

Den Feldsalat in einer Schüssel anrichten und mit den Avocadowürfeln, Heidelbeeren und Granatapfelkernen garnieren. Mit Olivenöl, Limettensaft, Salz und Pfeffer abschmecken.

Für die nötige Portion Protein das vegane Proteinpulver in Wasser lösen und zum Essen trinken. Nach Belieben noch mit etwas Erythrit süßen.

Zubereitungszeit: 10 Minuten

**TIPP:** *Granatapfelkerne lassen sich leicht einfrieren. Einfach die ausgelösten Kerne in einem Gefrierbeutel ins Tiefkühlfach geben und für den nächsten Salat aufbewahren.*

# PETERSILIENCREMESUPPE MIT PARMESAN

**Nährwerte: 20,1 g Kohlenhydrate, 31,4 g Protein, 47,1 g Fett**

## ZUTATEN:

* 1 Schalotte
* 280 g Petersilien-wurzeln
* 70 g Parmesan
* 2 TL Butter (10 g)
* 300 ml Gemüsefond
* 50 ml Sahne
* Meersalz
* 1 Prise Muskat, gerieben
* 1 EL Petersilien-blätter, frisch gehackt

## ZUBEREITUNG:

Die Haut der Schalotte abziehen und die Schalotte fein hacken.

Die Petersilienwurzeln schälen und in feine Würfel schneiden. (Größere Würfel haben eine längere Gardauer.)

Den Parmesan fein reiben.

Die Butter bei mittlerer Hitze in einem Topf erhitzen und die Schalotte darin glasig dünsten. Die Petersilienwurzel-Würfel hinzugeben und rundherum andünsten.

Den Gemüsefond angießen und aufkochen lassen. Das Gemüse 15 Minuten garen. Dann mit dem Stabmixer fein pürieren.

1 EL geriebenen Parmesan für die Deko beiseitestellen. Den restlichen Parmesan in die Suppe geben und schmelzen lassen.

Die Sahne einrühren und die Suppe mit Meersalz und Muskat würzen.

Die Suppe in einer Schüssel oder einem tiefen Teller anrichten und mit den gehackten Petersilienblättern und dem restlichen Parmesan bestreuen.

Zubereitungsdauer: 25 Minuten

# KOHLRABISALAT MIT BERGKÄSE

**Nährwerte: 20,2 g Kohlenhydrate, 32,3 g Protein, 47,7 g Fett**

## ZUTATEN:

* 300 g Kohlrabi
* 80 g Nashibirne (etwa ½ kleine Frucht)
* 90 g Bergkäse
* 4 TL Olivenöl
* 2 TL Apfelessig
* Meersalz
* Schwarzer Pfeffer aus der Mühle
* Ein paar Schnittlauchhalme

## ZUBEREITUNG:

Den Kohlrabi und die Nashibirne schälen und fein hobeln.

Den Bergkäse reiben.

Alles in einer Schüssel vermengen und mit Olivenöl und Apfelessig anmachen.

Mit Salz und Pfeffer abschmecken.

Den Schnittlauch in feine Röllchen schneiden.

Den Salat in einer Schüssel anrichten und mit dem Schnittlauch garnieren.

Zubereitungsdauer: 10 Minuten

**TIPP:** *Die restliche Nashibirne kannst du wunderbar für das Rezept auf Seite 129 „Schokoporridge mit Nashibirne" verwenden.*

# KRABBENSALAT AUF ROMANABLÄTTERN

**Nährwerte: 20,2 g Kohlenhydrate, 32,3 g Protein, 48,9 g Fett**

## ZUTATEN:

* 120 g Romanasalat
* 120 g Salatgurke
* 105 g Apfel
* 155 g Krabben, gegart und verzehrfertig
* 3 gestr. EL Mayonnaise (40 g)
* 3 TL Olivenöl
* 2 TL Apfelessig
* Meersalz
* Weißer Pfeffer aus der Mühle
* Etwas Dill zum Garnieren

## ZUBEREITUNG:

Den Romanasalat, die Salatgurke und den Apfel waschen.

Die Salatgurke und den Apfel fein hobeln. In einer Schüssel mit den gegarten Krabben, der Mayonnaise, dem Olivenöl und dem Apfelessig vermengen. Mit Meersalz und weißem Pfeffer abschmecken.

Den Romanasalat grob in Stücke zupfen und in einer Schüssel anrichten. Den Krabbensalat darauf platzieren.

Den Dill fein hacken und über den Salat streuen.

Zubereitungsdauer: 20 Minuten

**TIPP:** *Wenn du den Apfel lieber separat isst, kannst du ihn einfach als Nachtisch genießen, anstatt ihn mit in den Salat zu hobeln.*

# GURKENSALAT MIT ROASTBEEF, APFEL UND RADIESCHEN

**Nährwerte: 20,4 g Kohlenhydrate, 32,5 g Protein, 49,5 g Fett**

## ZUTATEN:

* 200 g Salatgurke
* 100 g Radieschen
* 80 g grüner Apfel
* 8 TL griechischer Joghurt (50 g)
* 2 EL Mayonnaise
* 1 EL Olivenöl
* 1 EL Apfelessig
* Meersalz
* Schwarzer Pfeffer
* Ein paar Schnittlauchhalme, frisch
* 125 g Roastbeef, gegart, fein aufgeschnitten

## ZUBEREITUNG:

Die Salatgurke, die Radieschen und den Apfel waschen. Die Salatgurke fein hobeln. Die Radieschen und den Apfel würfeln.

Den griechischen Joghurt mit der Mayonnaise, dem Olivenöl und dem Apfelessig vermischen. In einer Schüssel Salatgurke, Radieschen, Apfel und Joghurt-Mayonnaise vermengen.

Mit Salz und Pfeffer abschmecken. Den Schnittlauch in feine Röllchen schneiden.

Die Roastbeefscheiben auf dem Gurkensalat anrichten und mit den Schnittlauchröllchen garnieren.

Zubereitungsdauer: 10 Minuten

---

# TOMATENSALAT MIT HANF-TOPPING UND KRÄUTER-DRESSING

**Nährwerte: 19,9 g Kohlenhydrate, 31,8 g Protein, 46,7 g Fett**

## ZUTATEN:

* 250 g Tomaten
* 30 g Frühlingszwiebel
* 5 TL Olivenöl (25 ml)
* 2 TL Apfelessig
* 5 TL veganes Proteinpulver (25 g) (z. B. Hanfprotein)
* 4 EL Hanfsamen, geschält (60 g)
* Meersalz
* Schwarzer Pfeffer aus der Mühle
* 100 g Aprikosen, frisch

## ZUBEREITUNG:

Die Tomaten waschen und in Stücke schneiden. Die Frühlingszwiebel in feine Röllchen schneiden und die Hälfte davon mit den Tomatenwürfeln vermengen.

Olivenöl, Apfelessig und veganes Proteinpulver verrühren. Etwas Wasser zugeben, sodass ein glattes Dressing entsteht. Das Dressing mit den Tomaten vermischen. Die Hälfte der Hanfsamen unter den Tomatensalat mischen. Mit Meersalz und frisch gemahlenem Pfeffer würzen. Den Salat mit den restlichen Frühlingszwiebelröllchen und Hanfsamen toppen.

Die Aprikosen waschen und als Dessert genießen.

Zubereitungsdauer: 10–15 Minuten

# SUSHI-BURRITOS MIT GEBRATENER PUTE UND AVOCADO

**Nährwerte: 20,0 g Kohlenhydrate, 31,7 g Protein, 48,6 g Fett**

## ZUTATEN:

* 200 g gelbe Paprika
* 100 g Salatgurke
* 120 g Avocado (1 kleine Frucht)
* 100 g Putenschnitzel
* 1 EL Kokosöl
* Frische rote Chilischote, in dünne Ringe geschnitten (nach Geschmack)
* 4 Nori-Blätter (aus getrockneten Meeresalgen, gibt's im Asialaden)
* 1 EL Coconut Aminos (optional)

**Zusätzlich:**

* Bambusmatte zum Rollen (falls vorhanden, siehe *Tipp*)

## ZUBEREITUNG:

Die Paprika und die Salatgurke waschen. Beides in feine Streifen schneiden.

Die Avocado halbieren und das Fruchtfleisch möglichst im Ganzen mit einem Löffel herauslösen. Das Fruchtfleisch in Streifen schneiden.

Das Putenfleisch in feine Streifen schneiden.

Das Kokosöl in einer Pfanne erhitzen und die Putenstreifen darin rundherum goldbraun braten.

Ein Nori-Blatt auf die Bambusmatte legen und mit Wasser befeuchten, dadurch wird es biegsam.

Nun abwechselnd Paprika-, Gurken-, Avocado- und Putenstreifen sowie Chilischoten-Ringe auf das Nori-Blatt legen, bis die Füllung eine Dicke von etwa 4 Zentimetern hat. Falls gewünscht, jetzt noch mit Coconut Aminos beträufeln.

Roll nun das Nori-Blatt mithilfe der Bambusmatte eng um die Füllung ein. Die fertigen Röllchen mit einem scharfen Messer in drei bis vier Stücke schneiden und servieren.

Zubereitungsdauer: 15 Minuten

**TIPP:** *Wenn du keine Bambusmatte hast, kannst du auch ein sauberes Geschirrtuch verwenden, um die Nori-Blätter eng einzurollen.*

# BURN THE FAT

---

# DAS ABENDESSEN

---

Abends auch mal gemütlich auf der Couch essen?
Kein Problem – solange es das Richtige ist. Mit Karottenpasta
mit Käsesauce, mediterranem Ofengemüse mit Hähnchenkeule
oder Paprika-Curry kannst du abends ohne viel Aufwand
lecker schlemmen.

# AUBERGINEN-WEDGES MIT ORANGEN-DIP

**Nährwerte: 19,9 g Kohlenhydrate, 30,8 g Protein, 45,4 g Fett**

## ZUTATEN:

* 300 g Auberginen
* 120 g Orange
* 8 TL veganes Proteinpulver (40 g) (z. B. Hanfprotein)
* Mildes Currypulver *oder* Ras el Hanout
* 3 TL Kokosmehl (15 g)
* 8 TL Kokosöl (40 g)

## ZUBEREITUNG:

Die Aubergine waschen, putzen, längs halbieren und der Länge nach in Spalten/Wedges schneiden.

Die Orange filetieren, dabei den Saft auffangen. Orangenfilets sowie Saft in einen Mixer geben und fein pürieren. Das vegane Proteinpulver einrühren. Den Dip mit mildem Currypulver oder Ras el Hanout abschmecken.

Das Kokosmehl auf einen flachen Teller geben. Die Auberginen-Wedges mit Wasser befeuchten und in dem Kokosmehl wenden.

Das Kokosöl in einer Pfanne erhitzen und die Auberginen-Wedges darin braten, bis sie außen goldbraun und innen schön weich sind.

Die Auberginen-Wedges mit dem Orangen-Dip servieren.

Zubereitungsdauer: 20 Minuten

**SCHON GEWUSST?** *In der aus Nordafrika stammenden Gewürzmischung Ras el Hanout vereinen sich süße, blumige, scharfe und bittere Aromen: so etwa Muskat, Zimt, Veilchenwurzel, Kardamom, Kurkuma, Ingwer, Galgant, Rosenpaprika, Chili, Piment, Kreuzkümmel ... Sie kann – je nach Hersteller – mehr als 20 verschiedene Zutaten enthalten.*

# SUSHI-BOWL

**Nährwerte: 20,0 g Kohlenhydrate, 32,0 g Protein, 48,0 g Fett**

## ZUTATEN:

* 200 g Blumenkohl (ca. ½)
* 100 g Salatgurke (ca. ¼)
* 100 g gelbe Paprikaschote (ca. 1 kleine)
* 20 g Kokosöl
* 1 Prise Meersalz
* 100 g Lachs in Sushi-Qualität
* 60 g Avocado (ca. ½ kleine)
* 1–2 EL Coconut Aminos
* 10 g Sesam
* 1 Nori-Blatt

## ZUBEREITUNG:

Den Blumenkohl waschen und in Röschen teilen. Eine Handvoll Röschen in einen Mixer geben und zu reiskorngroßen Stücken verarbeiten. Alle Röschen auf diese Weise Stück für Stück zu Blumenkohl-Reis verarbeiten.

Die Salatgurke und die Paprikaschote waschen. Die Paprika halbieren, entkernen und in sehr feine Streifen schneiden. Die Salatgurke erst in Scheiben und dann ebenso in feinste Streifen schneiden.

Das Kokosöl in einer Pfanne erhitzen und den Blumenkohl-Reis darin 5 Minuten bei mittlerer Hitze andünsten. Dabei regelmäßig mit einem Holzkochlöffel rühren, damit der Reis nicht anbräunt. Nach 5 Minuten 3 EL Wasser hinzugeben und den Reis weitere 5 Minuten weich garen. Mit Meersalz abschmecken.

Den Lachs in Würfel von 0,5 cm Kantenlänge schneiden. Die Avocado halbieren, entkernen und aus der Schale lösen. Das Fruchtfleisch in feine Scheiben schneiden.

Den Blumenkohlreis in eine Schüssel geben. Das in Streifen geschnittene Gemüse darauf anrichten. Darauf die Lachswürfel verteilen und den Lachs mit Coconut Aminos beträufeln.

Die Bowl mit dem Sesam und den Avocadoscheiben dekorieren. Das Nori-Blatt zerbröseln und darüberstreuen.

Zubereitungszeit: 40 Minuten

# BURRITO-BOWL MIT PULLED PORK

**Nährwerte: 20,0 g Kohlenhydrate, 32,0 g Protein, 48,0 g Fett**

## ZUTATEN:

* 100 g Schweine-
  nackensteak
* 1 Prise Cumin
* 1 Prise Chili-
  Flocken
* 1 Prise frisch
  gemahlener Pfeffer
* Meersalz
* 350 g Blumenkohl
  (ca. 1)
* 50 g Zwiebel
* 120 g Paprika (ca. 1)
* 20 g Kokosöl
* 60 g Avocado
  (ca. ½ kleine)
* 2 TL Limettensaft
* 50 g Baby-Spinat
  (ca. 1 Handvoll)
* 1 Zweig Koriander

**Außerdem nötig:**
* Slow Cooker

## ZUBEREITUNG:

Das Schweinenackensteak in einen Slow Cooker legen und mit Wasser bedecken. Von den Gewürzen jeweils eine Prise hinzugeben und das Fleisch 3 Stunden auf der höchsten Stufe garen.

30 Minuten bevor das Fleisch fertig ist, den Blumenkohl waschen und in Röschen teilen. Die Röschen nach und nach portionsweise in den Mixer geben und zu „Reis" zerhäckseln.

Die Zwiebel schälen und fein hacken. Die Paprika waschen, halbieren, entkernen und in sehr kleine Würfel schneiden.

Das Kokosöl in einer Pfanne erhitzen und die Zwiebel darin glasig dünsten. Die Paprikawürfel hinzugeben und 2 Minuten unter Rühren anschwitzen. Zuletzt den Blumenkohlreis dazu geben und kurz andünsten. 3 EL Wasser hinzugeben und den Reis 10 Minuten dämpfen. Nach Bedarf mehr Wasser hinzugeben, aber immer nur so viel, dass es bis zum Garende komplett verdampfen kann.

Die Avocado halbieren, den Kern entfernen, das Fruchtfleisch zerkleinern. Mit dem Limettensaft und einer Prise Meersalz mit einer Gabel zu einer Guacamole zerdrücken. Den Spinat waschen und abtropfen lassen.

Wenn das Schweinenackensteak fertig gegart ist, mit zwei Gabeln in Stücke rupfen und mit der entstandenen Sauce vermengen.

Den Spinat in eine Schüssel legen, den Blumenkohlreis darauf platzieren. Das Pulled Pork auf dem Reis anrichten und mit der Guacamole garnieren. Den Koriander waschen, trocken schütteln, hacken und alles damit dekorieren.

Zubereitungszeit: 30 Minuten (plus: insgesamt 3 Stunden Kochzeit im Slow Cooker)

**TIPP:** *Falls du keinen Slow Cooker hast, brate das Steak in der Hälfte des Kokosöls an und schneide es in feine Streifen.*

# ITALIENISCHE AUBERGINENRÖLLCHEN MIT RICOTTA

**Nährwerte: 20,0 g Kohlenhydrate, 32,0 g Protein, 48,0 g Fett**

## ZUTATEN:

* 300 g Aubergine (ca. 1 große)
* frisch gemahlener schwarzer Pfeffer
* Meersalz
* 25 g Ghee
* 100 g Ricotta
* 1 TL getrockneter Oregano
* 1 TL getrockneter Thymian
* 250 g passierte Tomaten
* 40 g Parmesan

## ZUBEREITUNG:

Den Backofen auf 180 °C Umluft vorheizen.

Die Aubergine waschen und die Enden abschneiden. Mit einem scharfen Messer der Länge nach in sehr dünne Scheiben schneiden. Jede Scheibe mit Pfeffer und Salz würzen.

Das Ghee in einer Pfanne erhitzen und die Auberginenscheiben darin auf beiden Seiten etwa 2 Minuten bei mittlerer Hitze anbraten. Die Hitze verringern und weitergaren, bis die Scheiben weich sind.

Den Ricotta mit je einer Prise Salz und Pfeffer sowie ½ TL Oregano sowie ½ TL Thymian würzen. Die Auberginenscheiben mit Ricotta bestreichen und einrollen. Mit Zahnstochern fixieren.

Die passierten Tomaten in eine Auflaufform geben und mit je ½ TL der Kräuter sowie je einer Prise Salz und Pfeffer würzen. Die Auberginenröllchen in die Tomatensauce legen.

Den Parmesan reiben und über die Auberginenröllchen streuen.

Das Gericht im Ofen 20–25 Minuten backen, bis der Parmesan geschmolzen und schön goldbraun ist.

Zubereitungszeit: 40 Minuten

# SAFTIGER BURGER MIT KAROTTEN-FRIES

**Nährwerte: 20,0 g Kohlenhydrate, 32,0 g Protein, 48,0 g Fett**

## ZUTATEN:

* 140 g Rinderhack-fleisch
* 1 Prise frisch gemahlener schwarzer Pfeffer
* 1 Prise Ursalz
* 60 g Avocado (ca. ½ kleine)
* 1 Prise Chili-Flocken
* 250 g Karotten (ca. 2)
* 20 g Kokosöl
* 40 g Eisbergsalat (ca. 4 Blätter)
* 1 Prise Fleur de Sel

## ZUBEREITUNG:

Das Hackfleisch mit Pfeffer und Salz würzen. Mit nassen Händen zu einem Burger-Patty formen und fest zusammendrücken.

Das Fruchtfleisch der Avocado zusammen mit etwas Salz und den Chili-Flocken mit einer Gabel zerdrücken und zu einer Guacamole verrühren.

Die Karotten waschen und die Enden abschneiden. In der Mitte quer halbieren und beide Teile der Länge nach vierteln, sodass etwas dickere Streifen entstehen. Die Hälfte des Kokosöls in einer Pfanne erhitzen und die Karottenfries darin schwenken. 5 Minuten anbraten und dabei immer wieder wenden.

Das restliche Kokosöl in einer weiteren Pfanne erhitzen und das Burger-Patty darin auf beiden Seiten je 2 Minuten anbraten. Je nach Dicke gegebenenfalls noch etwas weitergaren.

Den Eisbergsalat waschen und trocken schleudern.

Die Karotten-Fries auf einem Teller anrichten und ordentlich mit Fleur de Sel bestreuen. Das Burger-Patty mit Guacamole bestreichen, zwischen Eisbergblätter klemmen und genießen.

Zubereitungszeit: 25 Minuten

# GEFÜLLTE CHAMPIGNONS MIT KÜRBIS

**Nährwerte: 20,1 g Kohlenhydrate, 31,6 g Protein, 47,6 g Fett**

## ZUTATEN:

* 200 g Champignons
* Ein paar Schnitt-
  lauchhalme, frisch
* 1 Ei
* 60 g Gouda,
  gerieben
* 1+1 Prise Muskat,
  frisch gerieben
* 1 Prise Paprika-
  pulver, edelsüß
* Himalajasalz
* 190 g Butternut-
  Kürbis
* 70 ml Sahne

## ZUBEREITUNG:

Den Backofen auf 200 °C Umluft (220 °C Ober-/Unterhitze) vorheizen. Ein Backblech mit Backpapier auslegen.

Die Champignons putzen, die Stiele entfernen, das untere Ende
abschneiden und den Rest klein hacken. Den Schnittlauch in Röllchen schneiden. Das Ei in einer Schüssel verquirlen. Die Hälfte
des Goudas, die gehackten Pilzstiele und die Schnittlauchröllchen unterheben. Mit Muskat, Paprika und Salz würzen.

Die Champignonköpfe mit der Öffnung nach oben auf dem Backblech verteilen. Die Ei-Käse-Mischung hineingeben und den restlichen Gouda darüberstreuen. 20 Minuten im Ofen backen.

Den Kürbis schälen, entkernen und in Würfel schneiden. In einen
Topf geben, mit Wasser bedecken und 15 Minuten weich kochen.
Das verbliebene Wasser abgießen und den Kürbis mit einem Kartoffelstampfer zu einem Püree zerstampfen. Die Sahne einrühren
und mit Salz und Muskat abschmecken. Das Kürbispüree mit den
gefüllten Champignons servieren.

Zubereitungsdauer: 30 Minuten

---

# KAROTTENPASTA MIT KÄSESAUCE

**Nährwerte: 20,0 g Kohlenhydrate, 32,3 g Protein, 48,3 g Fett**

## ZUTATEN:

* 280 g Karotten
* 2 Thymianzweige, frisch
* 100 ml Wasser
* 135 g Gouda, gerieben
* 4 TL Sahne (20 ml)
* Himalajasalz
* Schwarzer Pfeffer
* Paprikapulver, edelsüß

### Zusätzlich:

* Spiralschneider oder
  Sparschäler

## ZUBEREITUNG:

Die Karotten schälen und mit einem Sparschäler oder einem
Spiralschneider zu „Spaghetti" verarbeiten. Die Karotten, einen
Thymianzweig und das Wasser in einen Topf geben und etwa
7 Minuten dünsten. Die Karotten sollen weich, aber noch bissfest
sein. Falls nötig, noch etwas Wasser angießen.

Sobald die Karotten gar sind, den Gouda unterrühren. Den Topf
vom Herd nehmen, die Sahne angießen und mit Salz, Pfeffer und
Paprika abschmecken. Mit dem 2. Thymianzweig garniert servieren.

Zubereitungsdauer: 15 Minuten

# MEDITERRANES OFENGEMÜSE MIT HÄHNCHENKEULE

**Nährwerte: 19,9 g Kohlenhydrate, 32,2 g Protein, 46,4g Fett**

## ZUTATEN:
* 150 g Zucchini
* 140 g Aubergine
* 200 g gelbe Paprika
* 50 g rote Zwiebel
* 135 g Hähnchen-
  keule (wiegt mit
  Knochen ca. 160 g)
* 3 TL Butter-
  schmalz (15 g)
* 3 TL Olivenöl (15 g)
* Meersalz
* 1 Prise Oregano,
  getrocknet, gerebelt
* 1 Prise Basilikum,
  getrocknet, gerebelt
* Ein paar Zweige
  frischer Thymian,
  *ersatzweise* 1 Prise
  Thymian, getrock-
  net, gerebelt

**Zusätzlich:**
* Auflaufform

## ZUBEREITUNG:
Den Backofen auf 200 °C Umluft (220 °C Ober-/Unterhitze) vorheizen.

Das Gemüse waschen, die Zwiebel häuten. Alles sehr fein würfeln, idealerweise in Würfel von 0,5 Zentimeter Kantenlänge.

Die Hähnchenkeule mit Küchenkrepp abtupfen. Das Butterschmalz in einer Pfanne erhitzen und die Hähnchenkeule darin
auf der Hautseite anbraten. Knusprig braten lassen, während
du das Gemüse für den Ofen vorbereitest.

Die Gemüsewürfel in einer Auflaufform mit dem Olivenöl vermengen. Salz und je 1 Prise der getrockneten Kräuter bzw. den
frischen Thymian hinzugeben.

Die knusprig gebratene Hähnchenkeule auf das Gemüse legen
und das restliche Ghee vom Anbraten über das Gemüse träufeln.

20 Minuten im Ofen garen.

Zubereitungsdauer: 30 Minuten

**TIPP:** *Je kleiner die Gemüsewürfel, desto kürzer die Zubereitungsdauer.
Achte beim Express-Kochen immer auf ganz klein geschnittene Zutaten,
damit sparst du eine Menge Zeit. Und das Anbraten der Hähnchenkeule
verkürzt die Garzeit im Backofen.*

# BABY-CALAMARI VOM GRILL

**Nährwerte: 20,0 g Kohlenhydrate, 32,3 g Protein, 47,9 g Fett**

## ZUTATEN:

* 1 Bio-Zitrone, Schalenabrieb und Saft
* 3 EL Olivenöl (45 g)
* 1 Knoblauchzehe
* 2 EL Petersilienblätter, frisch
* Fleur de Sel
* 250 g rote Paprika
* 180 g Baby-Calamari, ausgenommen und geputzt
* 30 g Rucola

## ZUBEREITUNG:

Die Schale der Bio-Zitrone waschen, abreiben und mit dem Olivenöl vermengen.

Den Knoblauch abziehen und durchpressen. Die Petersilienblätter fein hacken. Den durchgepressten Knoblauch und die Hälfte der gehackten Petersilie mit dem Olivenöl vermischen und die Marinade mit Fleur de Sel würzen.

Die rote Paprika waschen und in breite Streifen schneiden. Paprikastreifen und die Baby-Calamari mit der Marinade vermengen und ziehen lassen, bis der Grill oder Pfanne heiß ist.

Wenn bei dir ohnehin gegrillt wird, kannst du Paprika und Calamari kurz mit auf den Grill legen. Calamari und Paprika brauchen auf jeder Seite etwa 2 Minuten. Falls du einen Kontaktgrill hast, kannst du beides auch darin auf jeder Seite 1–2 Minuten grillen. Natürlich kannst du Calamari und Paprika auch in der Pfanne braten – auf jeder Seite 1–2 Minuten.

Die Rucolablätter auf einem Teller auslegen, dann die gegrillten oder gebratenen Paprikastreifen und Calamari darauf anrichten.

Die Zitrone halbieren und den Saft einer Hälfte über das Gericht träufeln.

Die restliche Marinade über das Gericht verteilen und den Teller mit der übrigen gehackten Petersilie dekorieren.

Zubereitungsdauer: 15 Minuten

**TIPP:** *Beim schnellen Kochen bietet ein Kontaktgrill eine tolle Unterstützung. Darin kannst du Fleisch, Fisch oder Gemüse schnell in der Küche zubereiten. Die Hitze von oben und unten lässt die Gerichte besonders rasch gelingen.*

# PAPRIKA-CURRY MIT BLUMENKOHLREIS

**Nährwerte: 19,8 g Kohlenhydrate, 31,0 g Protein, 47,4 g Fett**

## ZUTATEN:

* 100 g rote Paprika (1 kleine oder ½ große Schote)
* 100 g gelbe Paprika (1 kleine oder ½ große Schote)
* 150 g Blumenkohl
* 2 EL Kokosöl (30 g)
* 1 TL rote Currypaste
* 4 EL Kokosmilch (60 ml)
* Himalajasalz
* Ein paar Stängel Koriander, frisch

## ZUBEREITUNG:

Die Paprikaschoten und den Blumenkohl waschen.

Die Paprikaschoten putzen und entkernen. In breite Streifen und dann in Quadrate schneiden.

Den Blumenkohl in Röschen teilen. Die Röschen im Mixer zu reiskorngroßen Stückchen zerkleinern – immer nur eine Handvoll auf einmal.

Die Hälfte des Kokosöls in einem Topf erhitzen und den Blumenkohlreis darin andünsten. Etwa ein halbes Glas Wasser angießen und den Blumenkohlreis im offenen Topf 7 Minuten dünsten.

Das restliche Kokosöl in einer Pfanne erhitzen. Die Currypaste darin anschwitzen.

Die Paprikawürfel darin rundherum andünsten. Unter Rühren 4 Minuten weich garen. Dann die Kokosmilch angießen.

Den Blumenkohlreis mit Salz würzen. Überschüssiges Wasser abgießen.

Den Blumenkohlreis auf einem Teller anrichten und das Paprika-Curry aus der Pfanne dazugeben.

Den Koriander fein hacken und das Gericht damit garnieren.

Zubereitungsdauer: 20 Minuten

# ROSTBRATWÜRSTCHEN MIT PETERSILIENWURZELSTAMPF

**Nährwerte: 19,9 g Kohlenhydrate, 31,8 g Protein, 47,9 g Fett**

## ZUTATEN:

* 300 g Petersilien-
  wurzeln
* 2 EL Sahne
* 1 Prise Muskat,
  frisch gerieben
* Fleur de Sel
* 2 TL Butterschmalz
* 130 g Nürnberger
  Rostbratwürstchen
  (6 Stück) (am besten
  in Bio-Qualität)
* Ein paar Stängel
  Petersilie, frisch
* 2 TL Dijon-Senf

## ZUBEREITUNG:

Die Petersilienwurzeln waschen, schälen und fein würfeln.

Die Petersilienwurzel-Würfel in einem Topf mit Wasser bedecken und 15 Minuten garen. Anschließend das Wasser abgießen, das Gemüse mit dem Kartoffelstampfer zerdrücken und mit der Sahne verfeinern. Das Püree mit der Prise Muskat und Fleur de Sel würzen. Zugedeckt auf der ausgeschalteten Herdplatte warm halten.

Das Butterschmalz in einer Pfanne erhitzen und die Rostbratwürstchen darin rundherum goldbraun braten.

Die Petersilie fein hacken.

Die Bratwürstchen mit dem Petersilienwurzelstampf auf einem Teller anrichten. Mit der gehackten Petersilie garnieren. Den Dijon-Senf dazu reichen.

Zubereitungsdauer: 25 Minuten

# REZEPTE

---

# PHASE 3

# EAT CLEAN

## DAS FRÜHSTÜCK

Durch eine etwas erhöhte Kohlenhydratmenge wird das Frühstück in Phase 3 besonders süß. Trotzdem bleibt der Blutzuckerspiegel dank Ballaststoffen und einer angemessenen Portion Protein konstant. Schnelle Schoko-Bananen-Muffins, Açaíbeeren-Bowl und Cashewmilch-Shake lassen dich gut in den Tag starten.

# CREMIGER LIMETTEN-SHAKE

**Nährwerte: 19,9 g Kohlenhydrate, 14,4 g Protein, 20,6 g Fett**

**ZUTATEN:**

* 1 Bio-Limette, Schalenabrieb und Saft
* 85 g Avocado (½ große Frucht)
* 100 ml Wasser
* 80 g Banane
* 2 TL Collagen-Proteinpulver

**ZUBEREITUNG:**

Die Schale der Limette abreiben, die Limette halbieren und den Saft auspressen.

Mit einem Löffel das Fruchtfleisch aus der Avocadohälfte herauslösen.

Den Limettensaft zusammen mit dem Wasser, der Banane und dem Avocadofruchtfleisch in den Mixer füllen und alles fein pürieren.

Den Limettenabrieb und das Collagen-Proteinpulver dazugeben und kurz in das Getränk hineinmixen.

Zubereitungsdauer: 5 Minuten

---

# SÜSSER CASHEWMILCH-SHAKE

**Nährwerte: 19,2 g Kohlenhydrate, 16,8 g Protein, 19,4 g Fett**
**Abbildung auf Seite 179**

**ZUTATEN:**

* 40 g Cashewkerne
* 15 g Datteln, getrocknet
* ½ TL Ceylonzimt
* 200 ml Wasser
* 2 TL Molkenproteinpulver

**ZUBEREITUNG:**

Die Cashewkerne in einer Schüssel mit Wasser bedeckt über Nacht einweichen lassen.

Am Morgen das Wasser abgießen.

Die Cashews zusammen mit den Datteln, dem Zimt und dem Wasser in einen leistungsstarken Mixer geben. 3 Minuten auf höchster Stufe durchmixen.

Anschließend das Molkenproteinpulver einrühren und den Shake noch einmal kurz aufmixen.

Zubereitungsdauer: 5 Minuten (Nüsse über Nacht einweichen)

**TIPP:** *Wenn du die Cashewkerne nicht eingeweicht hast, kannst du sie vor der Verwendung auch 10 Minuten in kochendes Wasser geben.*

# BLUEBERRY-BANANA-ICECREAM

**Nährwerte: 20,0 g Kohlenhydrate, 16,0 g Protein, 20,0 g Fett**

## ZUTATEN:

* 50 g Banane
  (ca. ½ kleinere)
* 100 g TK-Blau-
  beeren
* 1 EL MCT-Öl
* einige Eiswürfel
  (optional)
* 25 g veganes
  Proteinpulver
* ¼ TL Bourbon-
  Vanille

## ZUBEREITUNG:

Die Banane bereits am Vortag schälen, in Scheiben schneiden und die Scheiben einfrieren.

Die gefrorenen Blaubeeren mit den gefrorenen Bananen-Scheiben und dem MCT-Öl in einen Mixer geben und pürieren.

Ist die Masse zu fest, noch ein paar Eiswürfel hinzugeben, mixen und kurz warten, bis sie antauen.

Zum Schluss noch das Proteinpulver hineinmischen und die Icecream mit Vanille abschmecken.

Zubereitungszeit: 5 Minuten (plus: einige Minuten für die Vorbereitung am Vortag)

# GRÜNER SMOOTHIE MIT ANANAS UND BANANE

**Nährwerte: 20,0 g Kohlenhydrate, 16,0 g Protein, 20,0 g Fett**

## ZUTATEN:

* 30 g Grünkohl
  (ca. 1 Handvoll)
* 50 g Ananas
  (2–3 Scheiben)
* 45 g Banane
  (ca. ½ kleinere)
* 100 ml Kokosmilch
* 15 g Molken-
  proteinpulver
* 1–2 EL Mineralwas-
  ser mit Kohlensäure
  (optional)

## ZUBEREITUNG:

Den Grünkohl waschen und fein hacken. Die Ananas putzen, in Scheiben schneiden, diese schälen und würfeln. Die Banane schälen und in Scheiben schneiden.

Das Obst und Gemüse zusammen mit der Kokosmilch in einen Mixer geben und pürieren. Dann das Proteinpulver dazugeben und alles nochmals kurz mixen.

Nach Bedarf noch etwas Mineralwasser hinzugeben, bis der Smoothie gut trinkbar ist.

Zubereitungszeit: 10 Minuten

# CHIA-MANGO-PUDDING

**Nährwerte:** 20,0 g Kohlenhydrate, 16,0 g Protein, 20,0 g Fett

## ZUTATEN:

* 25 g Chiasamen
* 50 ml Kokosmilch
* 150 ml Wasser
* 15 g veganes Proteinpulver
* 125 g Mango (ca. ½)

## ZUBEREITUNG:

Die Chiasamen in eine Schüssel geben und mit Kokosmilch und Wasser begießen. Mindestens 30 Minuten (noch besser: über Nacht) quellen lassen.

Nach dem Quellen das Proteinpulver unter die Chiasamen rühren. Wenn die Konsistenz es erfordert, noch etwas Wasser hinzugeben.

Die Mango waschen, schälen und den Kern entfernen. Das Fruchtfleisch würfeln und pürieren.

Die Mangosauce über den Pudding geben.

Zubereitungszeit: 10 Minuten (plus: mindestens 30 Minuten Ziehzeit)

**TIPP:** *Die restliche Mango in Würfel schneiden und in Gefrierbeutel verpackt einfrieren. So lässt sie sich bei Bedarf leicht portionieren und für Frühstück oder Dessert einsetzen.*

# BANANA PANCAKES

**Nährwerte: 20,0 g Kohlenhydrate, 16,0 g Protein, 20,0 g Fett**

## ZUTATEN:

* 90 g Banane
  (ca. 1 kleine)
* 2 Eier
* 1 Prise Himalaya-
  Salz
* 10 g Kokosöl
* 1 Prise Zimt

## ZUBEREITUNG:

Die Banane schälen und mit einer Gabel zerdrücken. Die Eier aufschlagen, mit der zerdrückten Banane verquirlen und mit dem Salz würzen.

Das Kokosöl in einer Pfanne erhitzen. Aus dem Teig Pancakes im heißen Kokosöl braten.

Auf einem Teller anrichten und mit Zimt bestäuben.

Zubereitungszeit: 10 Minuten

**TIPP:** *Du kannst auch die Eier und die geschälte Banane zusammen in den Mixer geben und zu einem glatten Teig vermischen.*

# SÜSSKARTOFFELWAFFELN

**Nährwerte: 20,0 g Kohlenhydrate, 16,0 g Protein, 20,0 g Fett**

## ZUTATEN:

* 90 g Süßkartoffel
* 2 Eier
* 10 g Mandelmus
* 1 Prise Meersalz
* 5 g Kokosöl
* 1 Prise Zimt
* Erythrit (optional)

**Außerdem nötig:**

* Waffeleisen

## ZUBEREITUNG:

Die Süßkartoffel schälen und fein raspeln. In einer Schüssel die Eier mit den Süßkartoffelraspeln und dem Mandelmus vermengen, alles leicht salzen.

Ein Waffeleisen vorheizen und mit Kokosöl einreiben. Aus dem Teig darin Süßkartoffelwaffeln backen.

Die Waffeln mit Zimt bestäuben und warm servieren. Wenn du es etwas süßer magst, kannst du noch etwas Erythrit darüberstreuen.

Zubereitungszeit: 15 Minuten

**TIPP:** *Wenn die Waffel im Waffeleisen noch nicht durch ist, reißt sie in der Mitte schnell auseinander, falls man es zu hastig öffnet. Öffne das Waffeleisen deshalb vorsichtig und löse mit einem schmalen Messer behutsam die Waffel vom Eisen.*

# JAMAIKANISCHES FRÜHSTÜCK

**Nährwerte: 20,0 g Kohlenhydrate, 16,0 g Protein, 20,0 g Fett**

## ZUTATEN:

* 60 g Kochbanane
* 8 g Kokosöl
* 2 Eier
* 1 Prise Fleur de Sel
* 5 g Kokosraspel
* 1 Prise Zimt
  (optional)

## ZUBEREITUNG:

Die Kochbanane schälen und in Scheiben schneiden.

Das Kokosöl in einer Pfanne erhitzen, die Bananenscheiben darin verteilen und auf beiden Seiten knusprig anbraten.

Wenn die Bananenscheiben knusprig goldbraun sind, herausnehmen. Die Eier im verbliebenen Fett zu Spiegeleiern braten.

Die Kochbananenscheiben mit den Spiegeleiern anrichten und mit Fleur de Sel würzen. Mit Kokosraspel garnieren und nach Wunsch mit etwas Zimt bestäuben.

Zubereitungszeit: 10 Minuten

**TIPP:** *Reife Kochbananen sind intensiv gelb und übersät mit schwarzen Flecken. Hellgelbe oder grüne Kochbananen lassen sich nur schwer schälen und schmecken trocken.*

# KOKOSJOGHURT MIT MANGO

**Nährwerte: 19,9 g Kohlenhydrate, 15,0 g Protein, 19,5 g Fett**

### ZUTATEN:

* 130 g Mango
* 100 g Kokosjoghurt (aus Kokosmilch)
* 4 TL veganes Proteinpulver (20 g) (z. B. Mandel-protein)
* 2 EL Mineralwasser
* 1 TL Xylit (Birken-zucker) (optional)
* 1 Stängel Minze, frisch (optional)

### ZUBEREITUNG:

Das Mangofruchtfleisch würfeln. Den Kokosjoghurt mit dem Proteinpulver, Mineralwasser und Xylit glatt rühren.

Abwechselnd Mango und Joghurtcreme in ein Glas schichten. Mit frischer Minze garnieren und genießen.

Zubereitungsdauer: 5 Minuten

**TIPP:** *Kokosjoghurt gibt es in vielen Bio-Supermärkten. Während kleine 150-g-Becherchen recht teuer sind, gibt es mittlerweile auch günstigere 500-g-Becher. Es lohnt sich also, dieses Frühstück öfter zu genießen.*

**UND NOCH EIN TIPP:** *Übrige Mango kannst du ganz einfach würfeln und auf Vorrat für dasselbe oder ein anderes Rezept einfrieren.*

---

# AÇAÍBEEREN-BOWL

**Nährwerte: 20,2 g Kohlenhydrate, 16,9 g Protein, 20,4 g Fett**

### ZUTATEN:

* 100 g Açaíbeeren-Püree
* 90 g Banane (1 kleine Frucht)
* 100 ml Mandel-milch, ungesüßt
* 3 TL veganes Proteinpulver
* 1 TL Xylit (Birken-zucker) (optional)
* 2 EL Mandeln, gehobelt (20 g)

### ZUBEREITUNG:

Das Açaíbeeren-Püree zusammen mit der Hälfte der Banane und der Mandelmilch in einen Mixer geben und fein pürieren.

Das Proteinpulver und das Xylit (nach Geschmack) einrühren, in eine Schüssel füllen.

Die restliche Banane in Scheiben schneiden und auf der Bowl anrichten.

Die Mandelblättchen in einer Pfanne ohne Fett goldbraun rösten und darüberstreuen.

Zubereitungsdauer: 5–10 Minuten

**SCHON GEWUSST?** *Açaíbeeren-Püree gibt es gefroren in vielen Bio-Supermärkten. Die Açaibeere ist die Frucht der Kohlpalme, die in den Amazonas-Regenwäldern wächst. Sie gilt als die Beere mit dem höchsten Gehalt an Antioxidanzien.*

# MATCHA-PANCAKES

**Nährwerte: 20,5 g Kohlenhydrate, 15,9 g Protein, 21,5 g Fett**

## ZUTATEN:

* 2 Eier
* 80 g Banane
* 2 TL Kokosmehl
* ½ TL Matcha-Teepulver
* ½ TL Weinstein-backpulver
* 2 TL Kokosöl
* Etwas Matcha-Teepulver zum Bestäuben

## ZUBEREITUNG:

Die Eier mit der Banane im Mixer pürieren.

Das Kokosmehl mit dem Matcha-Teepulver und dem Backpulver vermengen und in die Eimasse einrühren.

Das Kokosöl in einer Pfanne erhitzen. Den Pancakes-Teig in die Pfanne gießen und gleichmäßig verteilen. Lass den Teig so lange auf einer Seite garen, bis sich oben kleine Bläschen bilden und du siehst, dass der Teig fest wird. Dann dreh den Pancake mit einem Pfannenwender vorsichtig um und back ihn auf der anderen Seite noch etwa 1 Minute goldbraun. Verarbeite den restlichen Teig auf dieselbe Weise und halte die fertigen Pancakes in der Zwischen-zeit schön warm.

Mit etwas Matcha-Teepulver bestäuben und anrichten.

Zubereitungsdauer: 10 Minuten

**SCHON GEWUSST?** *Matcha-Pulver besteht aus feinstvermahlenem, beson-ders behandeltem Grüntee, der Tee wird in der klassischen japanischen Teezeremonie getrunken und gilt als besondere Kostbarkeit – besonders interessant für uns sind die antioxidativ wirkenden Inhaltsstoffe wie Katechine (Flavonoide, sie gehören zu den sekundären Pflanzenstoffen).*

# SCHNELLE SCHOKO-BANANEN-MUFFINS

**Nährwerte: 20,4 g Kohlenhydrate, 16,3 g Protein, 20,8 g Fett**

## ZUTATEN:

* 15 g Kokosraspel
  (2 EL)
* 2 Eier
* 85 g Banane
  (1 kleine)
* 1 TL Kokosmehl
* ½ TL Weinstein-
  backpulver
* 1 TL Kakaopulver

**Zusätzlich:**
* 3–4 Muffinförmchen

## ZUBEREITUNG:

Den Backofen auf 175 °C Umluft (195 °C Ober-/Unterhitze) vorheizen.

Die Kokosraspel in eine Schüssel füllen, mit Wasser bedecken und 5 Minuten ziehen lassen.

Die Eier mit der Hälfte der Banane pürieren.

Das Kokosmehl mit dem Backpulver und dem Kakao vermischen und in den Teig einrühren. Den Teig auf die Muffinförmchen verteilen.

Die restliche Banane in Scheiben schneiden und gleichmäßig auf die Förmchen verteilen. Dabei die Fruchtstücke leicht in den Teig drücken.

Die Muffins 18–22 Minuten goldbraun backen.

Zubereitungsdauer: 20 Minuten

# TASSENKUCHEN MIT FRISCHEN ERDBEEREN

**Nährwerte: 19,9 g Kohlenhydrate, 15,0 g Protein, 19,5 g Fett**

## ZUTATEN:

* 2 Eier
* 10 g Kokosmehl
* 15 g Kokosraspel
* ½ TL Weinstein-backpulver
* 1 Prise Ceylonzimt
* 250 g Erdbeeren
* 1 Stängel Minze, frisch (optional)
* Etwas Xylit-Puder zum Dekorieren

## ZUBEREITUNG:

Den Backofen auf 175 °C Umluft (195 °C Ober-/Unterhitze) vorheizen.

Die Eier in einer Schüssel verquirlen.

Das Kokosmehl mit den Kokosraspeln, dem Backpulver und dem Zimt vermengen. Beides über die Eier sieben und einrühren.

Den Teig in eine ofenfeste Tasse geben und im vorgeheizten Ofen etwa 15 Minuten backen.

Währenddessen die Erdbeeren waschen, putzen und klein schneiden.

Einige Minzeblätter (falls verwendet) abzupfen und auf den Erdbeeren verteilen.

Die Erdbeeren auf einem Teller anrichten und den warmen, mit Xylit-Puder bestäubten Tassenkuchen dazu servieren.

Zubereitungsdauer: 5 Minuten

**TIPP:** *Ich bin kein Freund der Mikrowelle. Aber ich weiß auch, dass es manchmal sehr schnell gehen muss. Du kannst den Tassenkuchen dann einfach etwa 2 Minuten bei 900 Watt in der Mikrowelle garen.*

# EAT CLEAN

## MITTAGESSEN TO GO

Wetten, du hast mittags das schönste Gericht im Büro?
Denn die pinke Rote-Beten-Suppe, die Tomaten-Feta-Oliven-Spieße
und der Feigen-Pekannuss-Salat sind echte Hingucker. Genieße dein
Mittagessen to go aus Phase 3 wie immer warm oder kalt.

# TOMATEN-FETA-OLIVEN-SPIESSE

**Nährwerte: 39,7 g Kohlenhydrate, 32,2 g Protein, 38,9 g Fett**

## ZUTATEN:

* 200 g Salatgurke
* 100 g Cocktail-
  tomaten
* 190 g rote Wein-
  trauben
* 100 g Feta
* 100 g körniger
  Frischkäse, 20 % Fett
* Schwarzer Pfeffer
  aus der Mühle
* Fleur de Sel
* Ein paar Schnitt-
  lauchhalme
* 35 g grüne Oliven,
  ohne Stein

**Zusätzlich:**
* Gemüseschneider
  oder Juliennereißer
* Schaschlikspieße

## ZUBEREITUNG:

Die Salatgurke, die Cocktailtomaten und die Weintrauben waschen.

Den Feta in Würfel schneiden.

Den körnigen Frischkäse mit Pfeffer und Fleur de Sel würzen und verrühren. Den Schnittlauch in feine Röllchen schneiden und unter die Frischkäsemasse ziehen.

Die Salatgurke mit dem Gemüseschneider oder Juliennereißer in Streifen schneiden und mit dem Frischkäse-Dip anrichten.

Auf die Schaschlikspieße abwechselnd Cocktailtomaten, Feta-Würfel und Oliven stecken und die Spieße dekorativ mit auf dem Teller anordnen.

Als Abrundung dazu gibt es die roten Weintrauben.

Zubereitungsdauer: 10 Minuten

# FRUCHTIGER GRÜNKOHLSALAT UND MANGOSMOOTHIE

**Nährwerte: 40,0 g Kohlenhydrate, 32,0 g Protein, 40,0 g Fett**

## ZUTATEN:

**Für das Haupt-gericht:**

* 2 TL Apfelessig
* 4 TL Olivenöl
* 1 TL Erythrit
* 1 Prise Meersalz
* 1 Prise frisch
  gemahlener rosa
  Pfeffer
* 200 g Grünkohl
* 160 g Mango (ca. ¾)
* 50 g Erdbeeren
  (ca. 2–3)
* 50 g Heidelbeeren
* 50 g Himbeeren
* 15 g gehobelte
  Mandeln

**Für den Nachtisch
außerdem:**

* 50 ml Kokosmilch
* 30 g veganes
  Proteinpulver
* 2 EL Mineralwasser
  mit Sprudel

## ZUBEREITUNG:

Apfelessig, Olivenöl und Erythrit mit Salz und Pfeffer zu einem Dressing verrühren.

Die Grünkohlblätter vom Strunk befreien und in feine Streifen schneiden. Diese Streifen mit den Händen kneten, bis sie weich werden. Dann mit dem Dressing in einer Schüssel vermengen.

Die Mango halbieren, schälen, entkernen und würfeln. Die Beeren waschen und leicht trocken tupfen. Die Hälfte der Mango und die Beeren auf dem Salat anrichten und mit den gehobelten Mandeln garnieren.

Für den Mangosmoothie zum Nachtisch die restliche Mango mit der Kokosmilch pürieren. Mit dem Proteinpulver vermengen und mit dem Mineralwasser glattrühren.

Zubereitungszeit: 30 Minuten

# ROTE-BETE-SALAT MIT GEBACKENEM ZIEGENKÄSE

**Nährwerte: 40,0 g Kohlenhydrate, 32,0 g Protein, 40,0 g Fett**

## ZUTATEN:

* 330 g rohe Rote Bete (ca. 1–2)
* 150 g Karotte (ca. 1 große)
* 50 g junge Rote-Bete-Blätter (ca. 1 Handvoll)
* 135 g Ziegenkäse
* 1 TL Olivenöl
* 2 TL Apfelessig
* 1 Prise Himalaya-Salz
* 1 Prise frisch gemahlener rosa Pfeffer

## ZUBEREITUNG:

Den Backofen in der Grillstufe auf 220 °C vorheizen.

Die Rote Bete und die Karotte schälen und auf einem Gemüsehobel in feine Scheiben schneiden.

Die jungen Blätter der Roten Bete waschen und mit dem gehobelten Gemüse in einer Schüssel mischen.

Den Ziegenkäse dünn mit Öl bestreichen und auf einem mit Backpapier belegten Backblech in den Ofen schieben. Auf der obersten Schiene etwa 10 Minuten goldbraun grillen.

Den Salat mit Apfelessig, Salz und Pfeffer abschmecken und mit dem Ziegenkäse auf einem Teller anrichten.

Zubereitungszeit: 20 Minuten

**TIPP:** *Ein ganz besonderes optisches Highlight wird der Salat, wenn du ihn nicht nur aus roten, sondern aus bunten Wurzeln zubereitest. Neben der Roten Bete gibt es eine gelbe Sorte sowie eine weiße und eine rot-weiß geringelte!*

# MELONEN-SALAT

**Nährwerte: 40,0 g Kohlenhydrate, 32,0 g Protein, 40,0 g Fett**

## ZUTATEN:

* 50 g Süßkartoffel
* 300 g Cantaloupe-Melone
* 100 g Hähnchenbrust
* 10 g Kokosöl
* 50 g Rucola (ca. 1 Handvoll)
* 100 g Kirschtomaten (ca. 5)
* 1 Stängel frischer Koriander
* 2 TL Limettensaft
* 1 EL Olivenöl
* 1 Prise Chili-Flocken
* 1 Prise edelsüßes Paprikapulver
* 1 Prise Meersalz
* 1 Prise frisch gemahlener schwarzer Pfeffer
* 20 g gehobelte Haselnüsse

## ZUBEREITUNG:

Die Süßkartoffel schälen und in feine Würfel schneiden. Die Melone halbieren, das Fruchtfleisch herauslösen, die Kerne entfernen und das Fruchtfleisch in Würfel von 1–2 cm Kantenlänge schneiden.

Die Hähnchenbrust in ebenso große Würfel schneiden. Das Kokosöl in einer Pfanne erhitzen und die Hähnchenbrustwürfel darin anbraten.

Sobald das Fleisch rundum angebraten ist, die Süßkartoffelwürfel hinzugeben und anbräunen. Zuletzt die Melonenwürfel in die Pfanne geben und kurz mitdünsten, bis das Fruchtfleisch leicht angebräunt ist und weicher wird.

Den Rucola und die Kirschtomaten waschen, die Tomaten halbieren. Beides in einer Schüssel mischen und dann mit den Würfeln aus Hähnchenfleisch, Süßkartoffel und Melone vermengen.

Den Koriander waschen, trocken schütteln, die Blättchen abzupfen und fein hacken. Den Salat mit Limettensaft und Olivenöl anmachen, mit dem Koriander und den Gewürzen abschmecken. Zum Schluss mit den Haselnüssen bestreuen.

Zubereitungszeit: 20 Minuten

# FELDSALAT MIT FEIGEN UND FEINEN RINDERSTREIFEN

**Nährwerte: 40,0 g Kohlenhydrate, 32,0 g Protein, 40,0 g Fett**

## ZUTATEN:

* 300 g frische Feigen (ca. 5)
* 80 g Feldsalat (ca. 2 Handvoll)
* 110 g Rinder- hüftsteak
* 20 g Pekannüsse
* 5 g Kokosöl
* Fleur de Sel
* frisch gemahlener schwarzer Pfeffer
* 1 EL Olivenöl
* 1 EL Apfelessig

## ZUBEREITUNG:

Die Feigen waschen und vierteln. Den Feldsalat waschen, trocken schütteln und putzen.

Das Rinderhüftsteak in feine Streifen schneiden. Die Pekannüsse grob hacken.

Das Kokosöl in einer Pfanne erhitzen und die Steakstreifen darin rundum anbraten. Maximal 2 Minuten unter Rühren anbraten, damit das Fleisch noch saftig bleibt. Mit Fleur de Sel und frisch gemahlenem Pfeffer würzen.

Den Feldsalat in einer Schüssel anrichten, die Feigen und die Steakstreifen darauf verteilen.

Den Salat mit Olivenöl und Apfelessig anmachen, mit Salz und Pfeffer abschmecken und mit den Pekannüssen garnieren.

Zubereitungszeit: 20 Minuten

# ASIATISCHE GEMÜSESUPPE

**Nährwerte: 39,4 g Kohlenhydrate, 31,9 g Protein, 41,3 g Fett**

### ZUTATEN:

* 100 g Zuckerschoten
* 200 g Austernpilze
* 100 g Süßkartoffel
* 140 g Schweine-
  bauch, in Scheiben
* 1 TL Kokosöl (5 g)
* 300 ml Gemüsefond
* 1 EL Coconut
  Aminos (optional)
* Himalajasalz
* 1 Prise Cayenne-
  pfeffer
* 1 Prise Chiliflocken
* Ein paar Stängel
  Koriander, frisch

### ZUBEREITUNG:

Zuckerschoten und Austernpilze waschen, die Süßkartoffel schälen.

Die Enden der Zuckerschoten kappen und die Schoten der Länge nach in feine Streifen schneiden.

Die Austernpilze ebenfalls in dünne Streifen schneiden. Die Süßkartoffel fein raspeln.

Eine Pfanne erhitzen und die Schweinebauchscheiben darin von beiden Seiten knusprig anbraten.

Einen Teller mit Küchenkrepp belegen und den knusprigen Schweinebauch darauf abtropfen lassen.

Das ausgelassene Fett in der Pfanne behalten, das Kokosöl hinzugeben und die geraspelten Süßkartoffeln und die Austernpilze darin andünsten. Unter Wenden so lange garen, bis die Austernpilze zusammenfallen und nur noch etwa die Hälfte ihres Volumens haben.

Nun den Gemüsefond angießen und die Zuckerschoten dazugeben. Die Suppe einmal kurz aufkochen lassen. Nach Belieben mit Coconut Aminos, Himalajasalz, Cayennepfeffer und Chiliflocken abschmecken.

Die Scheiben vom krossen Schweinebauch grob in Stücke brechen und auf der Suppe anrichten.

Den Koriander fein hacken und über die Suppe streuen.

Zubereitungsdauer: 20 Minuten

GO ASIA

# PINKE ROTE-BETEN-SUPPE MIT KOKOSJOGHURT

**Nährwerte: 39,9 g Kohlenhydrate. 31,9 g Protein, 39,2 g Fett**

## ZUTATEN:

* 400 g Rote-Beten-Knollen (geschält und vorgegart)
* 30 g rote Zwiebel
* 1 Knoblauchzehe
* 5 TL Olivenöl (25 g)
* 500 ml Gemüsebrühe
* 8 TL veganes Proteinpulver (40 g) (z. B. Sonnenblumenkernprotein)
* Meersalz
* Schwarzer Pfeffer aus der Mühle
* Ein paar Stängel Petersilie, frisch
* 10 TL Kokosjoghurt (50 g)

## ZUBEREITUNG:

Die Rote Beten abwaschen und in feine Würfel mit etwa 1 Zentimeter Kantenlänge schneiden. Vorsicht beim Hantieren mit den leckeren Knollen, der Saft färbt wie Hölle!

Die Zwiebel und den Knoblauch abziehen und beides fein hacken.

Das Olivenöl in einem Topf erhitzen und Zwiebel und Knoblauch darin anbraten, bis sie glasig sind. Auf die Temperatur achten, damit der Knoblauch nicht zu stark anbräunt, er wird sonst bitter.

Die Rote-Beten-Würfel dazugeben und im Öl durchschwenken. Das Gemüse mit der Gemüsebrühe bedecken und 10 Minuten köcheln lassen. Anschließend mit dem Stabmixer fein pürieren. Das vegane Proteinpulver einrühren und mit Salz und Pfeffer abschmecken.

Die Petersilie fein hacken.

Die Suppe in eine Suppenschüssel oder einen großen Suppenteller füllen und mit Kokosjoghurt und frisch gehackter Petersilie anrichten.

Zubereitungsdauer: 20 Minuten

**SCHON GEWUSST?** *Um auch mit veganen Gerichten auf die nötige Proteinmenge für eine gute Sättigung zu kommen, arbeite ich gerne mit natürlichen Proteinpulvern aus Sonnenblumenkernen, Kürbiskernen oder Leinsamen. Diese Proteinpulver werden bei der Ölherstellung gewonnen: Nach dem Auspressen der Kerne oder Samen bleibt ein sehr trockener „Presskuchen" übrig. Er ist fettarm, kohlenhydratarm und proteinreich und kann fein vermahlen werden. Früher wurde er oft weggeworfen. Heute nutzt man dieses hochwertige „Nebenprodukt" zur Erzeugung natürlicher Proteinpulver.*

# ROTE-BETEN-SALAT MIT WALNÜSSEN

**Nährwerte: 12 g Kohlenhydrate, 31,9 g Protein, 51,6 g Fett**

## ZUTATEN:

* 400 g Rote-Beten-Knollen, geschält und vorgegart
* 30 g Frühlingszwiebel (2 dünne)
* 3 TL Olivenöl
* Meersalz
* Schwarzer Pfeffer aus der Mühle
* 3–4 EL Walnüsse (30 g)
* 7 TL veganes Proteinpulver (35 g) (z. B. Kürbiskernprotein)
* 1 TL Kakaopulver
* Xylit (Birkenzucker) (optional)

## ZUBEREITUNG:

Die Roten Beten in grobe Würfel schneiden. Beim Hantieren mit Roten Beten vorsichtig sein, sie färben alles & kräftig, die Flecken bekommst du aus Textilien nicht mehr heraus!

Die Frühlingszwiebeln waschen, putzen und in Röllchen schneiden.

In einer Schüssel Rote-Beten-Würfel, Frühlingszwiebeln und Olivenöl vermengen. Den Salat mit Salz und Pfeffer würzen.

Die Walnüsse grob in Stücke brechen und über den Salat streuen.

Als Proteinquelle rührst du dir einen Proteinpudding an: Dazu bedeckst du das Proteinpulver mit Wasser und lässt es 5 Minuten quellen. Dann rührst du 1 TL Kakaopulver ein und süßt deinen Pudding mit etwas Xylit.

Zubereitungsdauer: 20 Minuten

# HERINGSSALAT MIT GRÜNEM APFEL

**Nährwerte: 39,8 g Kohlenhydrate, 32,5 g Protein, 40,0 g Fett**

## ZUTATEN:

* 160 g eingelegtes Heringsfilet
* 250 g grüner Apfel (1 mittlerer bis großer)
* 80 g Feldsalat
* 30 g Cornichons
* 7 TL Sahne (35 ml)
* Meersalz
* Schwarzer Pfeffer aus der Mühle

## ZUBEREITUNG:

Das Heringsfilet in Würfel schneiden.

Den Apfel waschen und fein raspeln.

Den Feldsalat waschen und abtropfen lassen.

Die Cornichons in feine Scheiben schneiden.

In einer Schüssel den gewürfelten Hering, den geraspelten Apfel und die Cornichons mit der Sahne vermengen.

Den Heringssalat mit Salz und Pfeffer abschmecken, dann mit dem Feldsalat anrichten.

Zubereitungsdauer: 10 Minuten

# FEIGEN-PEKANNUSS-SALAT
# MIT GERÄUCHERTER PUTENBRUST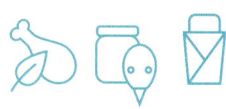

**Nährwerte: 39,5 g Kohlenhydrate, 32,0 g Protein, 36,6 g Fett**

### ZUTATEN:

* 80 g Kopfsalat
* 285 g Feigen
  (4–5 Stück)
* 20 g Pekannüsse
* 130 g Puten- *oder*
  Entenbrust, ge-
  räuchert und fein
  aufgeschnitten
* 1 TL Olivenöl
* 2 TL Apfelessig
* Fleur de Sel

### ZUBEREITUNG:

Den Kopfsalat und die Feigen waschen. Den Salat trocken schleudern und die Blätter auf einen Teller legen. Die Feigen achteln.
Die Pekannüsse grob hacken.

Die Puten- oder Entenbrustscheiben zu Röllchen drehen und
zusammen mit den Feigen und den Pekannüssen auf dem Salat
anrichten. Mit Olivenöl und Apfelessig beträufeln und mit Fleur
de Sel abschmecken.

*Zubereitungsdauer: 10 Minuten*

---

# FELDSALAT MIT SÜSSKARTOFFELN
# UND JOGHURT-DRESSING

**Nährwerte: 39,5 g Kohlenhydrate, 32,0 g Protein, 36,6 g Fett**

### ZUTATEN:

* 4 Eier
* 80 g Feldsalat
* Ein paar Schnitt-
  lauchhalme, frisch
* 150 g Süßkartoffel
* 1 EL Butter-
  schmalz (15 g)
* 2 EL griechischer
  Joghurt
* 1 EL Apfelessig
* Meersalz
* Schwarzer Pfeffer
  aus der Mühle

### ZUBEREITUNG:

Die Eier in 10 Minuten hart kochen. Kalt abschrecken. Den Feldsalat waschen und putzen. Schnittlauch in Röllchen schneiden.
Die Süßkartoffel schälen und in dünne Scheiben schneiden. Sehr
große Scheiben halbieren oder vierteln.

Das Butterschmalz in einer Pfanne erhitzen. Die Süßkartoffelscheiben darin von beiden Seiten goldbraun braten.

Den Joghurt mit dem Apfelessig, etwas Salz und Pfeffer verrühren. Die Schnittlauchröllchen unterheben.

Den Feldsalat auf einen Teller legen. Die Eier schälen, vierteln
und mit den gebratenen Süßkartoffelscheiben auf dem Salat anrichten. Mit dem Joghurt-Dressing beträufelt servieren.

*Zubereitungsdauer: 20 Minuten*

# EAT CLEAN

---

# DAS ABENDESSEN

---

Wer kann bei Kürbis-Tagliatelle, Halloumi-Burger und Ceviche
mit feiner Zitrusnote Nein sagen? Phase 3 kombiniert
etwas mehr Kohlenhydrate mit der nötigen Menge Protein
und gutem Fett – für guten Schlaf und gute Fettverbrennung.

# CHAMPIGNON-MARONENSUPPE

**Nährwerte: 39,3 g Kohlenhydrate, 32,6 g Protein, 39,3 g Fett**

## ZUTATEN:

* 200 g Champignons
* 90 g Maronen, gegart
* 45 g Macadamianüsse
* 200 ml Gemüsefond
* 2 EL veganes Proteinpulver
* Meersalz
* Schwarzer Pfeffer aus der Mühle
* Ein paar Stängel Petersilie

## ZUBEREITUNG:

Die Champignons putzen und klein schneiden.

Maronen, Champignons und Macadamianüsse in einen Topf geben und mit dem Gemüsefond bedecken. 15 Minuten weich kochen.

Die Suppe mit dem Stabmixer pürieren und das Proteinpulver einrühren. Mit Salz und Pfeffer abschmecken.

Die Petersilie fein hacken.

Die Suppe in einem tiefen Teller oder einer Schüssel anrichten und mit der gehackten Petersilie garnieren.

Zubereitungsdauer: 20 Minuten

**TIPP:** *Im Winter bekommst du an vielen Marktständen frisch gegarte Maronen. Im übrigen Jahr gibt es in einigen Supermärkten gegarte Maronen in Bio-Qualität, du findest sie meist im Nuss-Regal.*

# RINDERFILET MIT PRINZESS-BOHNEN-GEMÜSE

**Nährwerte: 40,0 g Kohlenhydrate, 32,0 g Protein, 40,0 g Fett**

## ZUTATEN:

* 165 g Süßkartoffeln
* 200 g Prinzess-bohnen
* 115 g Rinderfilet
* 15 g Ghee
* einige Stängel Schnittlauch
* 20 g Butter
* 1 Prise Fleur de Sel
* 1 Prise frisch gemahlener schwarzer Pfeffer

## ZUBEREITUNG:

Die Süßkartoffeln schälen und in feinste Scheiben schneiden. Die Prinzessbohnen waschen und die Enden abschneiden.

Das Fleisch in feine Streifen schneiden.

Die Hälfte des Ghees in einer Pfanne erhitzen und das Gemüse darin anbraten. Etwas Wasser angießen und das Gemüse abgedeckt etwa 5 Minuten bissfest dünsten.

Das restliche Ghee in einer zweiten Pfanne erhitzen. Die Rinderfiletstreifen darin knapp eine Minute anbraten, bis äußerlich kein rohes Fleisch mehr zu sehen ist.

Den Schnittlauch waschen, trocken schütteln und in Röllchen schneiden.

Das Gemüse auf einem Teller anrichten und das Fleisch darauf verteilen. Mit Butter, Salz und Pfeffer abschmecken und mit den Schnittlauchröllchen garnieren.

Zubereitungszeit: 15 Minuten

**TIPP:** *Mit einem Holzkochlöffel kannst du testen, ob das Fett heiß genug ist, um das Fleisch darin zu braten. Dazu einfach den Löffelstiel in das heiße Fett eintauchen. Beginnt es um ihn herum zu brutzeln und bilden sich Bläschen, ist das Fett heiß genug.*

# KNOBLAUCH-GARNELEN AUF ZUCKERSCHOTEN

**Nährwerte: 40,0 g Kohlenhydrate, 32,0 g Protein, 40,0 g Fett**

## ZUTATEN:

* 150 g rote Paprika-
  schote (ca. 1)
* 300 g Zuckerschoten
* 1 Knoblauchzehe
* 1 Zitrone
* 100 g Garnelen
* 2 EL Olivenöl
* 1 EL Zitronensaft
* Fleur de Sel
* 1 Prise frisch
  gemahlener rosa
  Pfeffer
* 1 Prise Chili-
  Flocken
* 60 g Avocado
  (ca. ½ kleine)

**Außerdem nötig:**
* 4 Bögen Perga-
  mentpapier

## ZUBEREITUNG:

Den Backofen auf 180 °C Umluft vorheizen.

Die Paprikaschote waschen und halbieren. Die Kerne entfernen und das Fruchtfleisch in Streifen schneiden. Die Zuckerschoten waschen und die Enden abschneiden.

Die Knoblauchzehe schälen, mit einem Messer zerdrücken und vierteln. Die Zitrone in Scheiben schneiden.

Das Gemüse auf 4 Bögen Pergamentpapier verteilen. Die Garnelen abwaschen und auf dem Gemüse verteilen. Mit Olivenöl und Zitronensaft beträufeln und jeweils eine viertel Knoblauchzehe dazulegen.

Mit Fleur de Sel, rosa Pfeffer und Chili-Flocken würzen und mit Zitronenscheiben belegen.

Die Pergamentblätter so zufalten, dass seitlich keine Flüssigkeit austreten kann. Die Päckchen für 20 Minuten in den Ofen geben, anschließend vorsichtig öffnen.

Die Avocado halbieren, den Kern entfernen, die Schale abziehen und das Fruchtfleisch in Scheiben schneiden. Das Gemüse und die Garnelen mit den Avocadoscheiben servieren und das Gericht bei Tisch mit Salz und Pfeffer abschmecken.

Zubereitungszeit: 35 Minuten

**TIPP:** *Das Gericht ist für eine Person berechnet. Dennoch solltest du für diese Portion vier Bögen Pergamentpapier verwenden, da das Gemüse in kleineren Portionen besser gar wird.*

# PASTINAKEN-POMMES MIT AVOCADO-DIP

**Nährwerte: 40,0 g Kohlenhydrate, 32,0 g Protein, 40,0 g Fett**

## ZUTATEN:

**Für die Pommes:**
* 190 g Pastinake
* 2 TL Olivenöl
* Fleur de Sel

**Für die Guacamole:**
* 60 g Avocado
  (ca. ½ kleine)
* 1 Prise edelsüßes
  Paprikapulver

**Für den Salat:**
* 60 g Eisbergsalat
  (ca. 6 Blätter)
* 2 TL Olivenöl
* 2 TL Apfelessig

**Für den Nachtisch:**
* 5 g Kakaopulver
* 30 g veganes
  Proteinpulver
* Mineralwasser mit
  Kohlensäure
* 10 g Mandelmus
* 1 TL Erythrit
  (optional)

## ZUBEREITUNG:

Den Backofen auf 180 °C Umluft vorheizen.

Die Pastinake schälen, halbieren und in Stifte schneiden. In einer Schüssel mit dem Olivenöl vermengen. Die Stifte auf ein mit Backpapier belegtes Backblech legen, ausgiebig mit Fleur de Sel bestreuen und etwa 20 Minuten im Ofen anbräunen.

Für die Guacamole die Avocado halbieren, den Kern entfernen, die Schale abziehen und das Fruchtfleisch mit einer Gabel zerdrücken. Mit dem Paprikapulver und Fleur de Sel abschmecken.

Den Eisbergsalat waschen, kurz abschütteln, die Blätter in Stücke zupfen und auf einem Teller anrichten. Mit Olivenöl und Apfelessig beträufeln. Die Pastinaken-Fries und die schnelle Guacamole als Dip dazu reichen.

Für einen Nachtisch das Kakaopulver mit dem Proteinpulver vermischen. Das Pulver mit Mineralwasser übergießen und 1 Minute quellen lassen. Das Mandelmus hineinrühren und noch so viel Wasser hinzugeben, dass sich eine angenehme Pudding-Konsistenz ergibt. Nach Wunsch noch mit Erythrit süßen.

Zubereitungszeit: 40 Minuten

# PUTENSPIESSE MIT COUNTRY-POTATOES

**Nährwerte: 40,0 g Kohlenhydrate, 32,0 g Protein, 40,0 g Fett**

## ZUTATEN:

* 2 TL Olivenöl
* 1 Prise Meersalz
* 1 Prise Paprika-
  pulver
* 1 Prise Chili-
  Flocken
* 170 g Süßkartoffeln
* 175 g Putensteak
* 100 g passierte
  Tomaten
* 1 TL Erythrit
* 1 TL Apfelessig
* 1 Prise Zwiebel,
  granuliert
* 1 Prise Fenchel-
  samen
* 1 Prise Sellerie-
  samen
* 1 Prise Koriander
* 1 Prise Basilikum
* 1 Prise gemahlene
  Nelken
* 10 g Ghee

## ZUBEREITUNG:

Den Backofen auf 200 °C Umluft vorheizen.

In einer Schüssel Olivenöl, Meersalz, Paprikapulver und Chili-Flocken mischen.

Die Süßkartoffel schälen und in Spalten schneiden. Die Spalten mit einem Teil des Gewürz-Öls bepinseln und auf ein mit Backpapier belegtes Blech legen. Für 35–40 Minuten im Ofen backen.

Das Putensteak der Länge nach in 2 cm breite Streifen schneiden und mit dem restlichen Gewürz-Öl marinieren. Die Streifen wie eine Ziehharmonika auf Spieße stecken und die Spieße zugedeckt beiseitestellen.

Für das Ketchup die passierten Tomaten, das Erythrit, den Apfelessig und die Gewürze in einem Topf vermischen. Leicht aufkochen lassen und eine Weile bei niedriger Temperatur köcheln und eindicken lassen.

5 Minuten bevor die Süßkartoffeln fertig sind, das Ghee in einer Pfanne erhitzen und die Putenspieße darin rundherum anbraten.

Die Spieße zusammen mit den Süßkartoffel-Wedges und dem Ketchup anrichten.

Zubereitungszeit: 60 Minuten

# AUBERGINEN-HALLOUMI-BURGER

**Nährwerte: 39,4 g Kohlenhydrate, 31,9 g Protein, 41,3 g Fett**

## ZUTATEN:

* 200 g Aubergine
* Feines Meersalz
* 140 g Süßkartoffel
* 100 g Halloumi (zyprischer Grillkäse)
* 2 TL Butterschmalz (10 g)
* Fleur de Sel
* Paprikapulver, scharf
* 1 TL Pesto rosso
* Etwas frisches Basilikum, fein gehackt, zum Garnieren

## ZUBEREITUNG:

Die Aubergine waschen und in etwa 1 Zentimeter dicke Scheiben schneiden. Auf beiden Seiten salzen.

Die Süßkartoffel schälen und in Stifte schneiden (wie Pommes).

Den Halloumi längs halbieren und je nach Größe noch mal quer durchschneiden, sodass ein Stück Käse perfekt zwischen zwei Auberginenscheiben passt.

Am schnellsten gelingt dieses Gericht auf dem Grill oder in einem Kontaktgrill: Dazu legst du die Auberginenscheiben und den Halloumi kurz auf den Grill (oder in den Kontaktgrill) und grillst sie auf jeder Seite etwa 2 Minuten, bis sich ein schönes Grillmuster abzeichnet und die Aubergine merkbar weich wird.

Währenddessen das Butterschmalz in der Pfanne erhitzen und die Süßkartoffelstifte darin etwa 6 Minuten goldbraun braten. Dabei regelmäßig wenden. Die Süßkartoffel-Pommes sind gar, wenn sie sich mit einer Gabel leicht zerteilen lassen. Mit Fleur de Sel und Paprikapulver würzen.

Für die Burger eine Auberginenscheibe mit etwas Pesto rosso bestreichen, ein Stück Halloumi darauflegen, dieses auch mit etwas Pesto bestreichen und dann eine zweite Auberginenscheibe darauflegen.

Die Auberginen-Halloumi-Burger mit dem gehackten Basilikum bestreuen und mit den Süßkartoffel-Pommes servieren.

Zubereitungsdauer: 20 Minuten

**TIPP:** *Wenn du die Auberginenscheiben und den Halloumi in einer Pfanne braten möchtest, verwende nur 5 g (die Hälfte) des Butterschmalzes hierfür und die anderen 5 g noch für die Süßkartoffel-Pommes.*

# KÜRBIS-TAGLIATELLE MIT PINIENKERNEN UND PARMESAN

**Nährwerte: 40,1 g Kohlenhydrate, 32,3 g Protein, 38,6 g Fett**

## ZUTATEN:

* 460 g Butternut-Kürbis
* 2 TL Butter (10 g)
* 3 Salbeiblätter
* 100 ml Wasser
* 3 TL Pinienkerne (20 g)
* 65 g Parmesan, fein gerieben
* Fleur de Sel
* Cayennepfeffer

**Optional:**
* Spiralschneider

## ZUBEREITUNG:

Den Butternut-Kürbis mit einem Sparschäler schälen. Dann das Kürbisfruchtfleisch mit dem Sparschäler oder einem Spiralschneider in lange Tagliatelle schneiden.

Die Butter in einem Topf erhitzen und die Salbeiblätter kurz darin schwenken. Die Pfanne darf nicht zu heiß sein, damit die Butter nicht braun wird.

Die Kürbis-Tagliatelle in den Topf geben und in der Butter durchschwenken. Das Wasser angießen und die Kürbis-Tagliatelle darin dünsten. Immer wieder vorsichtig wenden, damit alle Tagliatelle Hitze abbekommen, aber nicht zerreißen. Bei Bedarf noch etwas Wasser angießen, damit der Topfboden immer etwa 1 Zentimeter hoch bedeckt ist.

Während die Tagliatelle dünsten, bis sie zart sind, die Pinienkerne in einer Pfanne ohne Öl bei mittlerer Hitze anrösten. Die Pinienkerne in der Pfanne so lange wenden, bis sie goldbraun sind und aromatisch duften.

Wenn die Kürbis-Tagliatelle nach etwa 10 Minuten zart sind, den geriebenen Parmesan unterheben und schmelzen lassen. Die Pasta mit Fleur de Sel und Cayennepfeffer abschmecken, auf einem großen Pasta-Teller anrichten und mit den Pinienkernen garnieren.

Zubereitungsdauer: 25 Minuten

**TIPP:** *Wer wünscht sich nicht ab und an einen Riesenteller feine Pasta? Genau für diese Gelüste ist der große Teller Kürbis-Pasta gedacht. Wenn dir die Menge von Butternut-Kürbis aber zu viel ist, kannst du stattdessen Hokkaido-Kürbis verwenden. Er enthält allerdings etwas mehr Kohlenhydrate, darum benötigst du vom Hokkaido nur 300 g für dieses Gericht. Du kannst ihn mitsamt seiner Schale verarbeiten.*

# CEVICHE AUF MANGO-AVOCADO-BOWL

**Nährwerte: 39,4 g Kohlenhydrate, 31,9 g Protein, 41,3 g Fett**

## ZUTATEN:

* 1 Schalotte
* 120 g Goldbarsch-filet, frisch
* 4 TL Limettensaft
* 300 g Mango (1 Stück)
* 130 g Avocado (1 kleine bis mittlere Frucht)
* Ein paar Stängel Koriander, frisch
* Chiliflocken
* Meersalz

## ZUBEREITUNG:

Die Schalotte abziehen und fein hacken.

Das Goldbarschfilet abspülen, mit Küchenkrepp abtupfen und in kleine Würfel schneiden. Die Fischwürfel mit der gehackten Schalotte und dem Limettensaft in einer Schüssel vermengen. Der Fisch wird durch den Limettensaft matt, das Eiweiß „gart".

Die Mango am Kern entlang längs halbieren. Das Fruchtfleisch kreuzweise einschneiden und die Würfel mit einem Messer von der Haut lösen. Hierbei hilft es, die Mango-Hälfte vorher „umzu-stülpen", damit die Würfel nach außen ragen. Drück dazu mit der Hand von der Hautseite her in die dickste Stelle der Mango und zieh mit der anderen Hand gleichzeitig den äußeren Rand zurück.

Die Avocado halbieren und das Fruchtfleisch mit einem Löffel herauslösen, dann würfeln.

Die Korianderblätter fein hacken.

Mango- und Avocadowürfel vermengen. Den Fisch darauf anrich-ten. Das Gericht mit gehacktem Koriander und Chiliflocken gar-nieren. Mit Meersalz abschmecken.

Zubereitungsdauer: 20 Minuten

**TIPP:** *Ceviche ist ein südamerikanisches Gericht aus frischem rohem Fisch. Statt Goldbarsch kannst du auch anderen weißen Fisch verwen-den. Auch Lachs ist eine feine Wahl. Wenn du zu Lachs greifst, reduziere aber die Avocadomenge auf 100 Gramm, da Lachs mehr Fett enthält als die mageren weißen Fischarten.*

# BLUMENKOHL-AUBERGINEN-PFANNE

**Nährwerte: 40,0 g Kohlenhydrate, 31,5 g Protein, 39,2 g Fett**

### ZUTATEN:

* 250 g Blumenkohl
* 100 g Aubergine
* 40 g Datteln, frisch, entkernt (6 Stück)
* 7 TL veganes Proteinpulver (35 g)
* 3 TL Kokosöl (15 g)
* ½ TL mildes Currypulver
* 4 EL Kokosmilch (60 ml)
* Meersalz
* Schwarzer Pfeffer aus der Mühle

### ZUBEREITUNG:

Den Blumenkohl in kleine Röschen teilen und die Aubergine fein würfeln.

Die Datteln in den Mixer geben, mit Wasser bedecken und pürieren. Das vegane Proteinpulver einrühren. Bei Bedarf noch etwas Wasser hinzufügen, sodass eine glatte Masse entsteht. Diesen Proteinpudding kalt stellen.

Das Kokosöl in einer Pfanne erhitzen, die Blumenkohlröschen und die Auberginenwürfel darin andünsten. Das Currypulver hinzugeben und mit anschwitzen.

Das Gemüse etwa 5 Minuten unter Rühren weich dünsten. Dann die Kokosmilch angießen. Das Gericht mit Salz und Pfeffer würzen und nach Belieben noch mit etwas Currypulver abschmecken. Auf einem Teller anrichten.

Den Proteinpudding als Dessert reichen.

Zubereitungsdauer: 20 Minuten

# PAD THAI MIT SÜSSKARTOFFEL-PASTA UND PUTE

**Nährwerte: 40,4 g Kohlenhydrate, 32,2 g Protein, 37,6 g Fett**

## ZUTATEN:

* 165 g Süßkartoffel
* 100 g Hähnchenbrust
* 4 TL Kokosöl
* Himalajasalz
* Chiliflocken
* 1 Ei
* Ein paar Stängel Koriander, frisch
* 2 EL Macadamianüsse (15 g)

**Optional:**
* Spiralschneider oder Sparschäler

## ZUBEREITUNG:

Die Süßkartoffel schälen und mit einem Sparschäler oder Spiralschneider in „Tagliatelle" schneiden.

Das Hähnchenfleisch in Streifen schneiden.

Die Hälfte des Kokosöls in einer Pfanne erhitzen und die Süßkartoffel-Tagliatelle darin andünsten. Etwa 5 Minuten weich garen.

Die Süßkartoffel-Pasta aus der Pfanne nehmen und auf einem Teller zur Seite stellen.

Das restliche Kokosöl in der Pfanne erhitzen und das Hähnchenfleisch darin rundherum goldbraun braten und durchgaren.

Die Süßkartoffel-Tagliatelle zurück in die Pfanne geben und mit dem Huhn vermengen.

Das Gericht mit Salz und Chili würzen.

Das Ei aufschlagen und in die Pfanne gleiten lassen. Alles durchmischen und das Ei stocken lassen.

Den Koriander fein hacken. Auch die Macadamianüsse hacken.

Das Pad Thai auf einem Teller anrichten und mit dem gehackten Koriander und den Macadamianuss-Stückchen garnieren.

Zubereitungsdauer: 15 Minuten

# RINDFLEISCHSPIESSE MIT SÜSSKARTOFFEL-DIP UND FELDSALAT

**Nährwerte: 39,8 g Kohlenhydrate, 31,8 g Protein, 41,0 g Fett**

## ZUTATEN:

* 150 g Süßkartoffel
* 1 gehäufter EL Cashewkerne (20 g)
* 110 g Rindersteak
* Meersalz
* Schwarzer Pfeffer aus der Mühle
* 2 TL Butterschmalz (10 g)
* 1 Prise Paprikapulver, edelsüß
* 1 Prise Kreuzkümmel (Cumin)
* 60 g Feldsalat
* 2 TL Apfelessig
* 2 TL Olivenöl (10 g)

**Zusätzlich:**

* 4 Schaschlikspieße

## ZUBEREITUNG:

Die Süßkartoffel schälen und in kleine Würfel schneiden, am besten mit 0,5 Zentimeter Kantenlänge. Die Süßkartoffelwürfel zusammen mit den Cashewkernen in einen kleinen Topf geben und mit Wasser bedecken. Zum Kochen bringen und 10 Minuten köcheln lassen. (Falls deine Kartoffelwürfel größer sind, müssen sie etwas länger kochen. Am Ende sollen sie komplett weich sein).

Das Rindersteak in Würfel schneiden und die Würfel auf Schaschlikspieße stecken. Das Fleisch mit Salz und Pfeffer würzen.

Das Butterschmalz in einer Pfanne erhitzen und die Spieße darin auf allen Seiten etwa 5 Minuten braten.

Währenddessen das Wasser aus dem Topf mit den Süßkartoffeln abgießen. Die Cashewkerne mit den Süßkartoffelwürfeln in einem Mixer fein pürieren und den Dip mit Salz, Pfeffer sowie je 1 Prise Paprikapulver und Kreuzkümmel würzen.

Den Feldsalat waschen, trocken schleudern und mit Apfelessig, Olivenöl, Salz und Pfeffer anmachen.

Die Rindfleischspieße mit dem Süßkartoffel-Dip und dem Feldsalat anrichten und servieren.

Zubereitungsdauer: 25 Minuten

# SÜSSKARTOFFELAUFLAUF

**Nährwerte: 40,0 g Kohlenhydrate, 32,0 g Protein, 40,0 g Fett**

## ZUTATEN:

* 170 g Süßkartoffel
* Himalaya-Salz
* 15 g Molken-
  proteinpulver
* 1 Prise Zimt
* 1 Prise frisch gerie-
  bene Muskatnuss
* 10 g Kokosöl
* 115 g Feta
* 10 g Macadamia-
  nüsse

## ZUBEREITUNG:

Die Süßkartoffeln schälen und in große Stücke schneiden. In einen Topf geben und mit ausreichend Wasser bedecken. Das Wasser salzen und aufkochen. Die Süßkartoffeln 15–20 Minuten köcheln lassen, bis sie sich mit einer Gabel leicht durchstechen lassen.

Den Backofen auf 200 °C Ober- und Unterhitze vorheizen.

Die gekochten Süßkartoffeln in einer Schüssel zu einem Püree zerstampfen und das Proteinpulver hineinrühren. Mit Zimt, Muskatnuss und Salz abschmecken. Eine kleine Auflaufform mit dem Kokosöl einfetten, das Süßkartoffelpüree darin verteilen und glattstreichen.

Den Feta zerkrümeln und auf dem Püree verteilen.

Die Nüsse grob hacken. Das Gericht mit den gehackten Nüssen garnieren und für etwa 20 Minuten im Ofen backen, bis der Käse geschmolzen und angebräunt ist.

Zubereitungszeit: 60 Minuten

# BUTTERNUT-KÜRBIS-SUPPE

**Nährwerte: 40,0 g Kohlenhydrate, 32,0 g Protein, 40,0 g Fett**

## ZUTATEN:

* 230 g Butternut-Kürbis (ca. 1 kleiner)
* 50 g Süßkartoffel
* 40 g Zwiebel (ca. ¼)
* 1 Knoblauchzehe
* 10 g Kokosöl
* 35 g veganes Proteinpulver
* 160 ml Kokosmilch
* 1 Zweig frisches Basilikum
* ½ TL getrockneter Thymian
* 1 Prise Meersalz
* 1 Prise frisch gemahlener Pfeffer

## ZUBEREITUNG:

Den Kürbis schälen und die Kerne herausschaben. Das Fruchtfleisch grob würfeln. Auch die Süßkartoffel schälen und in Würfel schneiden.

Die Zwiebel schälen und fein hacken. Die Knoblauchzehe schälen und pressen. Das Kokosöl in einem Topf erhitzen und beides darin glasig dünsten.

Die Gemüsewürfel mit in den Topf geben, kurz andünsten und dann mit Wasser bedecken. Dann 20–25 Minuten köcheln lassen, bis sich die Gemüsewürfel leicht mit einer Gabel durchstechen lassen.

Die Suppe mit einem Passierstab pürieren. Proteinpulver, Kokosmilch und bei Bedarf noch etwas Wasser hinzugeben, sodass die Suppe eine angenehme Konsistenz erhält.

Das Basilikum waschen, trocken schütteln und fein hacken. Die Suppe mit Basilikum, Thymian, Meersalz und Pfeffer abschmecken und am besten heiß servieren.

Zubereitungszeit: 35 Minuten

# REZEPTE

---

# DESSERT

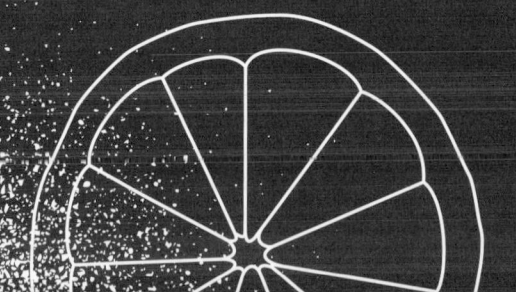

# SCHOKO-MANDEL-PUDDING

**Geeignet für Phase: 1 / 2 / 3**
**Nährwerte: 4,6 g Kohlenhydrate, 7,9 g Protein, 30,5 g Fett**

## ZUTATEN:

* 100 ml Kokosmilch
* 10 g Mandelmus
* ¼ TL Bourbon-Vanille
* 10 g entöltes Kakaopulver
* 1 EL Erythrit
* 1 TL gemahlene Gelatine
* 1 TL Mandel-splitter

## ZUBEREITUNG:

Die Kokosmilch in einen Topf geben und erhitzen. Das Mandelmus, die Vanille, das Kakaopulver und das Erythrit hinzugeben und einrühren. Unter ständigem Rühren das Erythrit auflösen. Die Kokosmilch sollte nicht kochen.

Die Gelatine einrühren und auflösen.

Den Pudding in ein Gläschen füllen und 1 Stunde im Kühlschrank erkalten lassen. Mit Mandelsplittern dekorieren.

Zubereitungszeit: 10 Minuten (plus: 1 Stunde Kühlzeit)

# KOKOS-EIS MIT BEEREN-WIRBEL

**Geeignet für Phase: 1 / 2 / 3**
**Nährwerte: 7,6 g Kohlenhydrate, 1,9 g Protein, 31,5 g Fett**

## ZUTATEN:

* 100 ml Kokosmilch
* 15 g Erythrit
* 1 EL MCT-Öl
* 1 kleine Prise Meersalz
* ¼ TL gemahlene Bourbon-Vanille
* 50 g TK-Himbeeren
* Saft einer Limette
* 2 Minzblätter

## ZUBEREITUNG:

Die Kokosmilch am Vortag in eine Eiswürfelform gießen und gefrieren lassen.

Die vorbereiteten Kokos-Eiswürfel in einen Mixer geben. Das Erythrit, das MCT-Öl, das Salz und die Vanille hinzugeben. Alles zu einem feinen Mus pürieren und in eine Schüssel geben.

Unterdessen die gefrorenen Himbeeren mit dem Limettensaft pürieren. Das Beerenmus über das Kokoseis geben und mit einer Gabel vorsichtig unterheben, aber nicht ganz vermischen.

Das Eis noch einmal kurz zum Anfrieren in die Gefriertruhe stellen. Zum Servieren mit Minzblättern garnieren.

Zubereitungszeit: 10 Minuten (plus: einige Minuten zum Vorbereiten am Vortag)

# LIMETTEN-GUMMIBÄRCHEN

**Geeignet für Phase: 3**
**Nährwerte: 12 g Kohlenhydrate, 10 g Eiweiß, 1 g Fett**

## ZUTATEN:

* 80 ml Limettensaft
* 20 g Erythrit
* 1½ EL gemahlene Gelatine
* etwas gepudertes Erythrit (optional)

**Außerdem nötig:**
* Eiswürfelförmchen

## ZUBEREITUNG:

Den Limettensaft mit dem Erythrit aufkochen und rühren, bis das Erythrit gelöst ist. Dann die Gelatine nach Packungsanweisung mit dem süßen Limettensaft mischen. Mit der Gelatine darf die Flüssigkeit nicht mehr aufkochen.

Den Gummibärchen-Saft nun in Eiswürfelförmchen verteilen. Die Förmchen müssen biegsam sein, um die Gummibärchen hinterher wieder heraus zu bekommen. Jede Vertiefung nur zur Hälfte füllen, da flachere Gummibärchen stabiler sind.

Mindestens 5 Stunden im Kühlschrank lassen. Aus den Förmchen lösen und nach Belieben noch in gepudertem Erythrit wälzen.

Zubereitungszeit: 10 Minuten (plus: 5 Stunden Kühlzeit)

---

# APFELRINGE MIT VANILLESAUCE

**Geeignet für Phase: 2/3**
**Nährwerte: 14,4 Kohlenhydrate, 11,5 g Protein, 26,9 g Fett.**

## ZUTATEN:

* 100 g Apfel (ca. 1 kleiner)
* 20 g Kokosöl
* 1 Ei
* 1½ EL Mandelmilch
* 5 g entöltes Mandelmehl
* 1 TL Zimt
* 1 TL Erythrit

## ZUBEREITUNG:

Den Apfel schälen und das Kerngehäuse ausstechen. Dann den Apfel in Ringe schneiden.

Die Hälfte des Kokosöls in einem Topf schmelzen und auf Handwärme abkühlen lassen.

Das Ei mit der Mandelmilch, dem Mandelmehl und dem handwarmen Kokosöl vermengen. Das restliche Kokosöl einer Pfanne erhitzen. Einen Apfelring nach dem anderen erst in der Teigmasse wenden, dann in der Pfanne goldbraun braten.

Den Zimt und das Erythrit mischen, die Apfelringe darin wenden.

Zubereitungszeit: 15 Minuten

# PANNA COTTA MIT BEEREN

**Geeignet für Phase: 2 / 3**
**Nährwerte: 7 g Kohlenhydrate, 5 g Eiweiß, 30 g Fett**

## ZUTATEN:

* 100 ml Sahne
* 20 g Erythrit
* 1 Prise Bourbon-Vanille
* 1 gehäufter TL gemahlene Gelatine
* 50 g TK-Blaubeeren

**Außerdem nötig:**
* 1 hitzebeständiges Glas

## ZUBEREITUNG:

Die Sahne mit 15 g von dem Erythrit und der Vanille einmal aufkochen und 5 Minuten auf niedriger Stufe simmern lassen. Dann die Gelatine zügig einrühren. Darauf achten, dass die Flüssigkeit nicht mehr kocht, wenn die Gelatine hinzugefügt wird.

Die flüssige Panna Cotta in ein hitzebeständiges Glas füllen und mindestens 5 Stunden im Kühlschrank erkalten lassen.

Vor dem Verzehr die Blaubeeren mit dem restlichen Erythrit pürieren und die Panna Cotta damit garnieren.

Zubereitungszeit: 10 Minuten (plus: 5 Stunden Kühlzeit)

# SALTED CRÈME BRULÉE

**Geeignet für Phase: 1 / 2 / 3**
**Nährwerte: 3 g Kohlenhydrate, 8 g Eiweiß, 41 g Fett**

## ZUTATEN:

* 100 ml Sahne
* ½ TL Bourbon-Vanille
* 20 g Erythrit
* 1 Eigelb
* ¼ TL Himalaya-Salz

**Außerdem nötig:**

* 1 ofenfestes Auflaufförmchen

## ZUBEREITUNG:

Den Backofen auf 120 °C Umluft vorheizen.

Die Sahne zusammen mit der Vanille in einen kleinen Topf geben. Kurz aufkochen. Die Hälfte des Erythrits hinzugeben und unter Rühren auflösen. Auf Handwärme abkühlen lassen.

Ein Ei aufschlagen und trennen. Das Eigelb mit dem Salz schaumig rühren. Die Sahne in einem dünnen Strahl zum Eigelb gießen und dabei kontinuierlich mit einem Schneebesen rühren.

Die Masse in ein flaches ofenfestes Auflaufförmchen füllen. Auf ein tiefes Backblech stellen und das Backblech mit Wasser füllen, bis das Förmchen zur Hälfte im Wasser steht.

Für 25 Minuten im Ofen backen, bis sich eine Haut bildet.

Danach die Creme für mindestens 90 Minuten im Kühlschrank abkühlen lassen.

Vor dem Servieren den Backofen auf die Grillfunktion stellen.

Das restliche Erythrit auf der Creme verteilen und die Creme auf einen Ofenrost möglichst dicht unter den Grill stellen. Backen, bis der Zucker geschmolzen ist.

Vorsicht: Das Erythrit verfärbt sich rasch schwarz, daher gut im Auge behalten.

Warm oder kalt genießen.

Zubereitungszeit: 35 Minuten (plus: 90 Minuten Kühlzeit)

# SCHOKOKUCHEN MIT FLÜSSIGEM KERN

**Geeignet für Phase: 1 / 2 / 3**
**Nährwerte: 4,9 g Kohlenhydrate, 13,4 g Protein, 45 g Fett**

## ZUTATEN:

* 15 g Weidebutter
* 40 g Schokolade (99 % Kakao)
* 5 g Kakaopulver
* 5 g entöltes Mandelmehl
* 1 Ei
* 1 Prise Meersalz

**Außerdem nötig:**
* 1 ofenfestes Auflaufförmchen

## ZUBEREITUNG:

Die Butter zusammen mit der Schokolade im Wasserbad schmelzen. Auf Handwärme abkühlen lassen. Dann das Kakaopulver und Mandelmehl unterrühren. Zuletzt das Ei und das Salz hineinmengen.

Die Masse in eine Mini-Auflaufform füllen und zugedeckt 30 Minuten im Kühlschrank erkalten lassen.

Den Backofen auf 200 °C Umluft vorheizen.

Die kleine Auflaufform auf ein hohes Backblech stellen. Das Backblech mit Wasser füllen, bis die Auflaufform zur Hälfte im Wasser steht.

Etwa 15 Minuten backen, bis die Ränder fest werden. Das Küchlein ist jetzt in der Mitte noch flüssig. Warm oder kalt genießen.

Zubereitungszeit: 25 Minuten (plus: 30 Minuten Kühlzeit)

# QUARKCREME MIT QUITTENMUS

**Geeignet für Phase: 3 (mit Beeren statt der Quitten auch für die Phasen 1 und 2)**
**Nährwerte: 17,4 g Kohlenhydrate, 12,3 g Protein, 30,8 g Fett**

## ZUTATEN:

* 100 g Quitte (1 Frucht)
* 1 EL Xylit (Birkenzucker) (für das Quittenmus)
* 1+1 Prise Ceylonzimt, gemahlen
* 80 ml Sahne
* 125 g Quark, Halbfettstufe
* 1 EL Xylit (Birkenzucker) (optional) (für die Creme)
* 1 Stängel frische Minze, als Dekoration

## ZUBEREITUNG:

Die Quitte heiß waschen und schälen. Die Frucht vierteln und das Kerngehäuse entfernen. Die Quitte sehr fein würfeln, damit sie sehr rasch durchgart.

Die Quittenwürfel zusammen mit dem Xylit und einer Prise Zimt in einen Topf geben und mit Wasser bedecken. Aufkochen und 15 Minuten köcheln lassen.

Anschließend das Wasser abgießen und die Früchte pürieren. Dann kurz im Kühlschrank abkühlen lassen.

Die Sahne mit dem Handrührgerät in einem hohen Gefäß (Mixbecher) steif schlagen.

Den Quark nach Geschmack mit Xylit süßen, die Sahne unterheben.

Abwechselnd Quarkcreme und Quittenmus in ein hohes Glas schichten. Etwas Zimt darüberstäuben und mit Minzestängel dekorieren.

Zubereitungsdauer: 25 Minuten

# LUFTIGE KOKOSCREME MIT ERDBEERSAUCE

Geeignet für Phase: 2/3
Nährwerte: 11,8 g Kohlenhydrate, 4,6 g Protein, 35,5 g Fett

### ZUTATEN:

* 100 g Kokoscreme
* 1 EL Xylit (Birkenzucker)
* 125 g Erdbeeren
* Ein paar Minzeblättchen, frisch
* Extra Xylit-Puder zum Darüberstäuben

### ZUBEREITUNG:

Eine Dose Bio-Kokosmilch tags zuvor in den Kühlschrank stellen. Die Dose öffnen und die feste Kokoscreme mit einem Löffel herausheben. 100 g von dieser Creme mit dem Xylit in eine Schüssel geben und mit einem Handrührgerät 5 Minuten lang aufschlagen. Erst auf kleiner Stufe, zuletzt auf höchster Stufe, bis sie eine sahnige Konsistenz angenommen hat.

Die Erdbeeren (bis auf eine für die Deko) pürieren. In einer Dessertschale das Püree so unter die Kokoscreme ziehen, dass eine Marmorstruktur entsteht. Die zurückbehaltene Erdbeere halbieren und mit der frischen Minze auf der Creme anrichten.

Zubereitungsdauer: 10 Minuten

---

# QUARK-NOCKEN MIT HEISSEN HIMBEEREN

Geeignet für Phase: 2/3
Nährwerte: 14,1 g Kohlenhydrate, 15,5 g Protein, 21,7 g Fett

### ZUTATEN:

* 150 g Quark, Halbfettstufe
* 1 Ei
* 2 TL Kokosmehl (10 g)
* 1 Prise Bourbon-Vanille, gemahlen
* 1 TL Xylit (Birkenzucker)
* 100 g Himbeeren, frisch oder TK-Ware
* Wasser
* Extra-Xylit-Puder zum Darüberstäuben (optional)

### ZUBEREITUNG:

In einem Topf Wasser zum Kochen bringen.

Den Quark in einem sauberen Geschirrtuch gründlich ausdrücken. Er darf nicht zu viel Flüssigkeit enthalten, damit die Nocken später nicht zerfallen. Anschließend mit dem Ei, dem Kokosmehl, der Prise gemahlener Vanille und dem Xylit vermengen.

Die Himbeeren in einem zweiten Topf mit wenig Wasser erhitzen und bei mittlerer Hitze dünsten, bis sie zerfallen.

Währenddessen mit zwei nassen Löffeln aus der Quarkmasse Nocken formen und in das kochende Wasser gleiten lassen. Etwa 3 Minuten ziehen lassen, bis sie an die Oberfläche steigen.

Die Nocken mit den heißen Himbeeren servieren und nach Geschmack noch mit etwas Xylit-Puder bestäuben.

Zubereitungsdauer: 10 Minuten

# SCHOKOFRÜCHTE MIT KNUSPRIGEM BACON ODER KOKOSRASPELN

**Geeignet für Phase: 1 / 2 / 3**

**Nährwerte maximal: 22 g Kohlenhydrate, 8,7 g Protein, 26,4 g Fett**

## ZUTATEN:

* 50 g Low-Carb-Schokolade (mit Xylit) *oder* 50 g Bitterschokolade (85 % Kakaoanteil oder mehr)
* 2 Scheiben Bacon (etwa 18 g) *oder* 3 EL Kokosraspel (15 g) (wahlweise)
* 50 g Erdbeeren
* 50 g Pfirsich (nur in Phase 2/3)
* 50 g Banane (nur in Phase 3)

**Zusätzlich:**
* Schaschlikspieße

## ZUBEREITUNG:

Die Schokolade im Wasserbad schmelzen lassen.

Den Bacon (falls verwendet) in einer Pfanne ohne Fett auf beiden Seiten knusprig anbraten. Den Bacon herausnehmen und auf Küchenkrepp abtropfen lassen.

Die Erdbeeren und den Pfirsich waschen, die Banane schälen (falls verwendet). Die Erdbeeren halbieren, den Pfirsich in Spalten und die Banane in Scheiben schneiden (falls verwendet).

Die Früchte auf Schaschlikspieße stecken und auf ein Stück Backpapier legen. Die Schokolade mit einem Löffel auf den Früchten verteilen.

Den Bacon in kleine Stücke brechen und über die noch feuchte Schokolade streuen. Für die süße Variante Kokosraspel über die Schokofrüchte streuen.

Kurz abkühlen lassen, damit die Schokolade knackig wird. Das gelingt besonders schnell, wenn du die Früchte ein paar Minuten lang ins Gefrierfach legst.

Zubereitungsdauer: 20 Minuten (plus evtl. Kühlzeit)

**TIPP:** *Für dieses Rezept sind insgesamt 150 g Obst eingeplant. Falls dir das lieber ist, kannst du auch bei einer Sorte bleiben. Wenn du nur Erdbeeren verwendest, ist das Rezept für Phase 1 geeignet. Wenn du Pfirsich und Erdbeeren oder Pfirsich allein wählst, ist das Rezept für Phase 2 geeignet, sobald Banane dabei ist, nur für Phase 3.*

**UND NOCH EIN TIPP:** *Dieses Rezept eignet sich auch wunderbar für ein geselliges Schokofondue: Einfach die geschmolzene Schokolade auf einem Stövchen warm halten und immer nur ein Stückchen Obst auf ein Fonduespießchen stecken und in die Schokolade tunken.*

# SCHNELLER CHEESECAKE MIT BLAUBEEREN

**Geeignet für Phase: 1 / 2 / 3**

**Nährwerte: 8,0 g Kohlenhydrate, 15,2 g Protein, 36,4 g Fett**

## ZUTATEN:

* 1 Ei
* 125 g Frischkäse, Doppelrahmstufe
* 2 TL Xylit (Birkenzucker)
* 50 g Blaubeeren
* Extra Xylit-Puder zum Darüberstäuben

**Zusätzlich:**

* 6 kleine Auflaufförmchen

## ZUBEREITUNG:

Den Backofen auf 175 °C Umluft (195 °C Ober-/Unterhitze) vorheizen.

Das Ei mit dem Frischkäse und dem Xylit glatt rühren. Die Blaubeeren unterheben.

Die Masse in die Auflaufförmchen füllen – sie sollten maximal 2 Zentimeter hoch befüllt sein, damit die Garzeit nicht zu lang wird.

Die Auflaufförmchen für 20–25 Minuten in den Ofen stellen, bis die Masse merkbar fest und an der Oberfläche leicht goldbraun geworden ist.

Den Cheesecake mit etwas Xylit-Puder bestäuben und noch warm genießen.

Zubereitungsdauer: 30 Minuten

# ERFRISCHENDER EISTEE UND SPRITZIGE LIMONADE

**Geeignet für Phase: 1 / 2 / 3**
**Nährwerte: 4,6 g Kohlenhydrate, 0,1 g Protein, 0,5 g Fett**

**ZUTATEN:**

* 1 Zitrone *oder* 1 Limette
* 2 TL Xylit (10 g) (Birkenzucker)
* 300 ml Wasser mit Kohlensäure *oder* 300 ml kalter Tee (grün, schwarz, Mate- oder Kräutertee)
* Eiswürfel

**ZUBEREITUNG:**

Die Zitrone oder die Limette auspressen.

Den Saft in einem Topf mit dem Xylit mischen und kurz erhitzen, bis sich das Xylit aufgelöst hat.

Diesen Sirup in ein Glas füllen.

Für eine Limonade mit spritzigem Mineralwasser aufgießen. Für einen Eistee mit kaltem Tee aufgießen.

In ein Glas mit Eiswürfeln füllen und genießen.

Zubereitungsdauer: 10 Minuten

---

# EISSCHOKOLADE UND EISKAFFEE

**Geeignet für Phase: 1 / 2 / 3**
**Nährwerte: 3,2 g Kohlenhydrate, 2,4 g Protein, 30 g Fett**

**ZUTATEN:**

* 100 ml Sahne
* 200 ml kalter Kaffee *oder* 200 ml Wasser und 2 TL Kakaopulver
* 2 TL Xylit (Birkenzucker) (optional)
* Eiswürfel
* Kakaopulver, zum Bestäuben

**ZUBEREITUNG:**

Die Sahne mit einem Handrührgerät steif schlagen.

Für einen Eiskaffee den kalten Kaffee optional mit Xylit süßen und mit der Hälfte der Sahne verrühren.

Für eine Eisschokolade das Wasser mit dem Kakaopulver und dem Xylit vermischen. Die Hälfte der Sahne einrühren.

Ein hohes Glas mit Eiswürfeln füllen und das jeweilige Getränk hineingießen. Mit der restlichen steif geschlagenen Sahne toppen. Kakaopulver darüberstäuben und mit einem Strohhalm servieren.

Zubereitungsdauer: 10 Minuten

# Bezugsquellen

## Gemüse ...

findest du in jedem Supermarkt. Allerdings ist das Angebot oft nicht sehr breit und man findet immer dieselben Sorten. Wenn du Freude daran hast, neue Gemüsesorten zu entdecken, abonniere zum Beispiel eine Bio-Kiste. Dort bekommst du im Abo saisonales und regionales Gemüse.

www.oekokiste.de
www.etepetete-bio.de

Viele exotischere Gemüsesorten wie Maniok, Pak Choi oder Kochbanane findest du in Asialäden. Dort sind diese Sorten oft auch wesentlich günstiger als im deutschen Supermarkt.

## Fleisch ...

Fleisch solltest du auf jeden Fall bei einem Metzger kaufen. Gutes Rindfleisch aus Weidehaltung ist im Supermarkt-Regal selten. Zudem ist es in viel Plastik eingeschweißt. Leider werden Metzger vor Ort immer seltener. Eine Alternative sind Metzgereien, die Weiderindfleisch online verkaufen. Oft arbeiten diese nach Prinzip „nose to tail" – soll heißen: Nicht nur das beliebte Filet oder Steak werden verkauft, sondern auch unbekanntere Stücke vom Rind, die man im Supermarkt kaum findet.

www.besserfleisch.de
www.kaufnekuh.de
www.grutto.com
www.kaufnegans.de

## Kokosjoghurt ...

gibt es vor allem im Bio-Markt, mittlerweile aber auch in einigen konventionellen Supermärkten. Kokosjoghurt ist komplett aus Kokosmilch hergestellt. Bitte greife nicht zu einer Soja-Kokos-Mischung. Gute Marken sind Harvest Moon, The Coconut Collaborative und Coyo.

## Kokosmehl ...

bekommst du im Drogeriemarkt oder Bio-Handel ebenso wie Online. Verbreitete Marken sind Dr. Goerg, Amanprana und Tropicai.

## Proteinpulver...

sollten immer ohne Aromen und Süßstoffe sein. Ich empfehle Molkenproteinpulver (auch Whey genannt) und Collagen – beides aus Weidehaltung – oder vegane Proteinpulver ohne Soja.

www.flowgrade.de (vertreibt auch MCT-Öl, auch auf www.foodpunk.de/shop erhältlich)

www.primal-state.de (vertreibt auch MCT-Öl, auch auf www.foodpunk.de/shop erhältlich)

www.protero.de

www.purya.de (auch auf www.foodpunk.de/shop erhältlich)

# Stichwortregister

# Rezeptregister nach Kapiteln

# Alphabetisches Rezeptregister

# Abkürzungen und Symbole

## Die Rezeptkategorien

Damit du dich blitzschnell in den Rezepten zurechtfindest, habe ich jedes Rezept mit entsprechenden Icons gekennzeichnet. Hier siehst du, was sie bedeuten:

 Paleo

 Vegetarisch

 Vegan

## Welche Proteinquelle ist enthalten?

 Mit Milchprodukten

 Mit Proteinpulver

 Mit Rindfleisch

 Mit Schweinefleisch

 Mit Hähnchenfleisch

 Mit Putenfleisch

 Mit Lamm

 Mit Meeresfrüchten

 Mit Fisch

 Mit Eiern

## Diese Mahlzeiten kannst du besonders gut unterwegs und auch kalt verzehren.

 To go

| | |
|---|---|
| **g** | Gramm |
| **ml** | Milliliter |
| **EL** | Esslöffel |
| **TL** | Teelöffel |
| **z.B.** | zum Beispiel |
| **ca.** | circa |
| **°C** | Grad Celsius |

## MCT-Öl

Medium-Chain Triglycerides (mittelkettige Fettsäuren)

# Impressum

1. Auflage

© dieser Sonderausgabe 2021 by Bassermann Verlag, einem Unternehmen der Penguin Random House Verlagsgruppe GmbH, Neumarkter Straße 28, 81673 München
© der beiden Originalausgaben 2017 und 2018 by Südwest Verlag, einem Unternehmen der Penguin Random House Verlagsgruppe GmbH, Neumarkter Straße 28, 81673 München
Originaltitel: Low Carb typgerecht und Low Carb typgerecht express

ISBN 978-3-8094-4474-9

**Umschlaggestaltung:** Atelier Versen, Bad Aibling
**Herstellung:** Elke Cramer
**Bildredaktion:** Sabine Kestler
**Projektleitung:** Anja Halveland

**Layout:** OH, JA! (www.oh-ja.com)
**Bildnachweis:** Fotografie und Styling: Udo Einenkel
**Foodstyling:** Udo Einenkel, Roland Göbel, Thomas von Wittich
Mit Ausnahme von Seite 115: Maike Jessen /Südwest Verlag; Seite 173: shutterstock / YaJurka; Seite 231: Monika Schürle & Maria Grossmann /Südwest Verlag

Vielen Dank an die Firmen Gastroideen und Churchill für einen Teil der im Buch verwendeten Teller:
www.gastroideen.com
www.churchill1795.com

**Satz:** Nadine Thiel, kreativsatz, Baldham
**Druck und Bindung:** Firmengruppe APPL, aprinta druck GmbH, Wemding

Printed in Germany

Penguin Random House Verlagsgruppe FSC® N001967

# DER NASCHBALKON LÄDT EIN

96 Seiten, durchgehend farbig bebildert
ISBN 978-3-8094-4318-6

Ob Apfel, Kirsche oder leckere Beeren, Tomaten, Radieschen oder frische Minze – auch wer nur einen Balkon oder eine Terrasse hat, muss auf eigene Ernte nicht verzichten. Welche Früchte, Gemüsesorten und Kräuter sich eignen, worauf man beim Anbau achten muss und wie man das heimische Nutzgärtlein richtig pflegt, wird im Buch genau erklärt.

Besuchen Sie uns
auch auf

www.bassermann-verlag.de

# EINLEGEN, EINKOCHEN, TROCKNEN ...

144 Seiten, durchgehend farbig illustriert
ISBN 978-3-8094-4308-7

Die wichtigsten Konservierungsmethoden werden in diesem Buch ausführlich erklärt. Angefangen vom Trocknen, Dörren und der Milchsäuregärung bis hin zum Einkochen und Einlegen der selbst geernteten oder gekauften Produkte. Zusätzlich gibt es ein Kapitel zur richtigen nährstoffschonenden Lagerung von Obst und Gemüse. Darüber hinaus gibt es verlockende Rezepte für Eingelegtes, Eingekochtes, Säfte, zuckerreduzierte Konfitüren und Gelees.

Besuchen Sie uns
auch auf

www.bassermann-verlag.de